LEADER AS HEALER

最強のリーダーは人を癒すヒーラーである

ニコラス・ヤンニ

楠木建 監訳

道本美穂 訳

かんき出版

LEADER AS HEALER
by
NICHOLAS JANNI

Japanese translation rights arranged with LID Business Media Ltd.
through Japan UNI Agency, Inc., Tokyo

監訳者まえがき　リーダーシップの新たなパラダイムの提示

現在の企業文化は行動（doing）モードに支配され、存在（being）モードが希薄になっている。理性的で分析的な思考を重視するあまり、感情、感覚、直感といった本来人間に備わっている重要な能力が軽視されている。問題解決に向けた行動ばかりを繰り返し、存在の重要性を見過ごしている。

従来のリーダーシップのパラダイムの下では、感情は弱さの表れであり、非合理で予測不可能なものとして排斥される傾向にある。こうした前提を再考するところからリーダーシップを語るべきではないか――本書の目的はリーダーシップの新しいパラダイムを提示することにある。

著者はリーダーシップのモデルをふたつに分けるところから議論を始める。すなわち「執行者としてのリーダー」と「癒し手としてのリーダー」だ。

これまでのリーダーシップ論は多かれ少なかれ執行者としてのリーダーに偏っていた。リーダーの役割は、純粋に合理的な意思決定を下し、成長と効率性を目指して集団を統制することにあるとする見方が一般的だった。その一方で、他者に共感し、自分の弱さをさらけ出し、人とのつながりを築くといった特性を弱点とみなしてきた。

執行者としてのリーダーの思考や行動は狭帯域（ナローバンド）に押し込められている。理性的で戦略的な思考を優先する結果、感情や身体性をもった自己から切り離されてしまう。他者の話に耳を傾け、他者を受け入れることができなくなる。

一方の癒し手としてのリーダーとは何か。著者の言う「癒し」とは、われわれが一般的にイメージする身体の癒しというよりも「統合の回復」を意味している。

従来のリーダーシップやマネジメントのパラダイムの下で分断されてきた個人の感覚をひとつの調和した統一体にまとめ上げる。頭で考える自己と感情をもった自己のバランスを取り戻す。感情や感覚をもった存在としての自己を伝える。人と人とのつながりがもつ力を認識し、人々に認知と感情と身体を一体化させた自己の発揮を促す――そこに癒し手としてのリーダーの本領がある。

この意味での「癒し」は組織のパフォーマンスを犠牲にするものではない。行動モードで仕事をこなすことばかり考えていると、人から言われたことを無条件に受け止め、その背後にある感情や感覚をほとんど意識しなくなる。

著者が言う「不在の文化」だ。不在の文化は効率を追求しているように見えて、実際のところ組織の効率を阻害する。自分を開いて相手の言うことに耳を傾け、相手の考え方や心の中にある感情を受け入れれば、はるかに迅速に多くの情報を得た上で行動を起こすことができるようになる。相手の話を傾聴すると、相手に寄り添った的確な対応を取れるようになる。

時間の無駄がなくなるだけでなく、相手との絆が深まり、協力して行動することによって、思考力や想像力が高まる。つまり存在モードを重視する癒し手としてのリーダーは、効率と効果の両面で組織のパフォーマンスを高めることができる。

本書を読んで僕が気づいたいくつかの重要な論点を押さえておきたい。

第一に、著者が提示する癒し手としてのリーダーというモデルが、なぜいまになって大切になってきたのかという理由だ。著者によれば、その最大の理由は組織や個人が直面している現在の環境変化にある。VUCA（変わりやすく、不確実で、複雑で、曖昧）な環境やBANI（脆弱で、不安で、非直線的で、理解するのが難しい）な状況にあって、これまでのリーダーシップでは対処できなくなっていると言う。

それはそうなのだが、ここに「デジタル化」という補助線を引いてみると、いよいよ問題の所在がはっきりする。不確実性や複雑性に対応する手段として、AIなどの情報技術が有用なのは言うまでもない。いまやデジタル化はメガトレンドであり、今後とも仕事の現場でさまざまなデジタル技術が浸透していくのは間違いない。

しかしその一方で、デジタル化には著者が問題としている不在の文化や行動モードの偏重をさらに促進するという面がある。VUCAな環境に対処するためにデジタル化を推し進めるほど、個々人の感覚や感情が分断され、その結果として不確実性や複雑性に対処できなくなるという皮肉な成り行きに陥っている。

私見では、本書が言う意味での癒し――個人の感覚を一つの調和した統一体にまとめ上げる――が求められるようになった一義的な理由はここにある。

第二に、本書の議論は組織における「好き嫌い」の復権を示唆している。このことがとりわけ僕にとっては興味深い。

好き嫌いとは「善し悪し」では割り切れないものの総称である。善し悪しでないものが好き嫌い、好き嫌いでないものが善し悪し、ということだ。

「仕事に好き嫌いを持ち込むな」「好き嫌いで食っていけるほど世の中は甘くない」「好きなことは趣味でやれ」――こうした図式が定着している。しかし実際は逆、仕事こそ好き嫌いがものを言うというのが僕の考えだ。

ゼロから他の人にはできないようなプラスを創る。そのことにおいて「余人をもって代えがたい」とか「この人にはちょっと敵《かな》わない……」と思わせる。これを「才能」という。

才能は特定分野のスキルを超えたところにある。あれができる、これができると言われているうちはまだ本物ではない。「データ分析に優れている」であれば、その種のスキルをもっている人を連れてくれば事足りる。つまり、「余人をもって代え」られる。そのうちAIに代替されるかもしれない。

才能は一朝一夕には手に入らない。習得するための定型的な方法も教科書も飛び道具もない。だからといって、ごく一部の天才を別にすれば、「天賦の才」というわけでもない。あっさり言ってしまえば、「普通の人」にとって、才能は努力の賜物《たまもの》である。余人をもって代えがたいほどそのことに優れているのは、それに向かって絶え間なく努力を投入し、試行錯誤を重ねてきたからに他ならない。当然にして当たり前の話だ。

しかし努力を継続することは難しい。その理由は、努力がインセンティブを必要とすることにある。インセンティブとは「誘因」。文字通り、ある方向へとその人を誘うものだ。それはしばしば外在的に設定された報酬という形をとる。インセンティブがあれば人は努力する。しかし、裏を返せば、インセンティブがないと努力もしなくなってしまう。

ここに問題がある。

遅かれ早かれ、インセンティブには終わりが来る。資源が限られている以上、単調増加的に給料を増やし続けることはできない。昇進というご褒美を与え続けるわけにもいかない。毎度毎度褒められていれば、そのうちそれが当たり前になってしまう。

インセンティブの効果は時間とともに低減していく。

インセンティブには即効性がある。しかし、すぐに役立つものほどすぐに役立たなくなる。どうすれば普通の人々が高水準の努力を持続できるのか。ここに問題の焦点がある。

ポイントは、それが「努力」かどうかは当事者の主観的認識の問題だということだ。だとしたら、「本人がそれを努力だとは思っていない」、この状態に持ち込むしかない。

すなわち「努力の娯楽化」。客観的に見れば大変な努力投入を続けている。しかし当の本人はそれが理屈抜きに好きなので、主観的にはまったく努力だとは思っていない。これが最強の状態だ。インセンティブは必要ない。「好き」は自分の中から自然と湧き上がってくるドライブ（動因）だ。

そのうちに人より上手くなる。上手くなると成果が出る。人に必要とされ、人の役に立つことが実感できる。すると、ますますそれが好きになる。時間を忘れるほどのめり込める。時間だけでなく、我を忘れる。人に認められたいという欲が後退し、仕事そのものに没入する。ますます上手くなる。さらに成果が出る――以上の連鎖を短縮すると「好きこそものの上手なれ」という古来の格言になる。

従来のマネジメントは、善し悪しという基準――たとえば「スキルがある／ない」とか、特定の仕事が「できる／できない」――に立脚していた。すなわち著者の言う行動モードだ。

これに対して、個人の感覚に埋め込まれた好き嫌いは存在モードにかかわっている。これまでのリーダーシップの言語や文法では、個人の好き嫌いをうまく扱うことができなかった。それに対して、個々人の自己を受け入れ、引き出そうとする癒し手としてのリーダーであれば、それぞれの好き嫌いに注意を傾け、くみ取ることができる。

「好きこそものの上手なれ」のメカニズムを梃子《てこ》にした組織運営が可能になる。ここに癒しのリーダーシップが組織のパフォーマンスを高めるという論理の中核があると考える。

第三に、本書は広範な読者層に訴える力をもっている。古典的なリーダーシップ論は軍隊の組織を念頭においたものであった。その後、議論の対象が企業組織に移ったが、そこでのリーダー像は依然として軍隊的な「執行者」を引きずっていた。必然的に存在モードのリーダーシップは軽視されるという成り行きだ。

本書で展開される議論の根幹には、英国王立演劇アカデミーをはじめとする演劇学校での著者の原体験がある。

「音楽やダンスや演劇などの真にすばらしいパフォーマンスに見られるように、細胞の一つひとつが溢れ出るエネルギーと知性で生き生きと輝く人間ほど、美しく力強いものはない。そうした開かれた瞬間をどうやってつくり出すか、また芸術家なら誰でも願うように時々訪れる幸運な瞬間を待つのではなく、そうした状態をどうやって意識的につくり出すかを見極めるために、私は膨大な時間を研究に費やした」——著者の言葉にあるように、そもそも芸術における組織での体験がもとになっている。こうした著者のユニークな経験と洞察が、癒し手としてのリーダーという概念に結実している。

本書は企業の経営者や管理職はもちろん、これまで「ビジネス書」とは距離を置いてきた読者の心にも残る内容になっている。本書が幅広い読者を獲得することを願う。

2024年9月

楠木　建

CONTENTS

最強のリーダーは人を癒すヒーラーである

LEADER AS HEALER

感情を受け入れる

身体という実体がもつ力

目的のある人生

マインドフルネスと瞑想

リーダーの使命

本文デザイン・ＤＴＰ　マーリンクレイン

推薦の言葉

ユージーン・A・ウッズ
――アトリウム・ヘルス　社長兼最高経営責任者

世界規模のパンデミック、不況が続く経済、ジョージ・フロイドの殺害に端を発した人種間闘争、国際政治の深い分断と対立、危機的な気候変動――。

2020年から22年にかけて、私たち人間社会の枠組みは足元から崩壊してしまったように感じられる。だがじつは、時代遅れの古い社会形態はしばらく前から崩れ始めていた。ただ、その深刻な亀裂がいまや完全に露呈してしまったのだ。

私たちは、ここからどこへ向かうのだろうか？
どうやって、事態を「修正」するのだろうか？
個人として、リーダーとして、私たちには何が必要なのだろうか？

マサチューセッツ工科大学スローン経営大学院のC・オットー・シャーマーは共著『出現する未来から導く――U理論で自己と組織、社会のシステムを変革する』(英治出版)のなかで、次のように結論づけている。

「いまいちばん必要なのは、私たちを破綻の崖っぷちから引き戻し、違う道へ向かわせるのに役立つスキルと心と知恵を持った十分な数の人です[1]」

そう、そのとおりだ。

では、私たちは目の前に迫る厄介で根深い構造的な問題に対処するための「スキルと心と知恵」を、どうやって培うことができるのだろうか?

そんな疑問を抱いたみなさんに、私の親友でありコーチでもあるニコラス・ヤンニが書いたこの本をお薦めしたい。本書はまさに、この問題の答えを示してくれる指南書だ。

アマゾンのサイトでは、「リーダー」という言葉をタイトルに含む書籍が6万冊ほど販売されているが、そのなかでもこの本は、ほかの本にはない多くの気づきを与えてくれる。

ニコラスはさまざまな経験をもとに、身体に意識を向け、感情を受け入れ、処理能力や知能を拡大し、根本的な目的を常に念頭に置き、創造力を解き放ち、心の静寂に立ち戻るためにはどうすべきかを私たちに示してくれる。

ニコラスを初めて紹介されたのは、数年前のことだった。共通の友人であり、『ハーバード・ビジネス式マネジメント――最初の90日で成果を出す技術』（アスペクト）の著者で、世界的なベストセラー作家でもあるマイケル・ワトキンスを通じて紹介された。

私が約7万人の従業員と50カ所の病院を抱える100億ドル規模の医療会社のCEOに就任した直後のことである。

ニコラスに出会った頃の私は、新しい街で新しい仕事を始めたばかりで、さらには医療業界の激動期に、アメリカ病院協会の理事長も務めていた。

プライベートでは離婚の真っただ中にいて、まだリフォームの終わっていない家で、段ボール箱に囲まれた落ち着かない日々を過ごしていた。新しい学校になかなか馴染めずにいた息子への精神的なサポートにも努めていた。

私はいつも重荷を背負ってきた。だが、そのときばかりはメーターの値が危険ゾーンに達しつつあり、すべてを処理する手助けをしてくれる人が必要だった。

過去に大勢のコーチに指導を受けてきた私がニコラスを高く評価するようになったのは、彼の方向性とアプローチがほかのコーチとはまったく違ったからである。

何よりもまず、彼は私が目指すべき真の目標を教えてくれた。

それは、人の上に立つリーダーの基本的な使命は癒しだということである。

それ以来、仕事と世界に対する私の視点は完全に変わった。

私は全国的に有名な医療会社を率いる仕事に生涯を捧げてきた。

医療施設は人々が最も弱ったときに、癒しを求めてやって来る場所だ。

もちろん、人々は身体的な癒しを求めている。だが、身体が衰弱すると気持ちも衰弱することが多く、精神的な癒しも同じくらい必要になる。

ニコラスとのセッションで気づいたのは、私たちはほかの人間をまとまった統一体としてではなく、バラバラな断片とみなしがちだということだ。

それはなぜか？


おそらく自分の内面も非常に断片的にしか意識できていないからだろう。

本当の意味で人の上に立ち、人とつながるためには、まず自分自身を癒すことから始めなければならないのだ。

ニコラスは自己発見の長い旅路を歩んできた優れた指導者である。その豊かな知見をもとに、目指すべき場所を明確かつ正確に指し示し、偏りのない心で私たちを導いてくれる。

暗い日々のなかで、彼は航海灯を灯して、私の進むべき道を照らしてくれた。

「凍りついたエネルギーの塊」のようになっていた私の断片（個人的なものもあれば、先祖から伝わるものもあった）を解きほぐし、統合することができるようにしてくれた。

誤解のないようにいうと、癒しを目指す旅に終わりはない。

とはいえ、私はすでに彼のおかげで、リーダーとしての自分の帯域（つまり処理能力）と有用性を大きく広げることができた。また、周りの人たちが彼ら自身の帯域と有用性を広げられるように、他者のために癒しの環境をつくることもできるようになった。

本書は、あらゆるリーダーにとっての必読書といえる。

なぜなら、私たちはいま、企業や社会組織の存続にとって、つまり人間という種の存続にとって、真に社会的癒しをもたらすことができるリーダーを、かつてないほど必要とする世界に生きているからだ。

しかも、私たちは誰もが他者との真のつながりを心から望んでいる。

読者のみなさんとの対話とも呼ぶべき本書は、それについても取り上げる。

まとまった統一体を意識したリーダーシップとはどういうものか？

癒しを与えることを第一に考えるリーダーシップとはどういうものか？

みなさんにとって、本書がそれを発見するための対話となることを願っている。

ニコラスは何よりも、「癒し手としてのリーダー」とはどんな人物なのかをみなさんが発見する手助けをしたいと願って、本書を書いた。

基本的な指南書として、本書を役立ててほしい。

INTRODUCTION

「執行者としてのリーダー」から「癒し手としてのリーダー」へ

慢性的にアンバランスな考え方や働き方が
当たり前になった状態を是正すること。
それがいま差し迫って求められている。

本書のテーマは、大きな存在感と最高のパフォーマンスを発揮するリーダーシップである。そうしたリーダーシップから生まれる文化にこそ、人間の幸福、優れた成果、世界への貢献が自然に織り込まれることについて考察していく。

現在、多くの企業文化は、「存在モード」よりも「行動モード」に支配されている。

理性的で分析的な思考を重視しすぎるあまり、感情、感覚、直感、自己を超越した精神世界といったものが軽んじられている。私たちはこのアンバランスな考え方や働き方が当たり前になった状態から脱却すべきではないか？

本書はそれを呼びかけた本である。

このアンバランスな状態を是正できないかぎり、個人や組織のパフォーマンスは深刻な悪影響を受ける。そしてそれだけでなく、私たちは健全な、繁栄する未来をつくり出すこともできなくなってしまうと私は考えている。

私は本書で、リーダーシップの新しいパラダイムを目指すための理論的で、実践的な道筋を説明する。それは、人間の性質のなかでこれまで表舞台から追放されてきたもの、すなわち身体、感情、自己を超越した精神世界を再び統合する回復のための道でもある。

この道では、優れた高度な思考を行う自己は、感覚や感情をもった自己とともにあってこそ適切な役割を果たす。そして、それらが一体となった自己から、はるかに大きく、広い視野をもった知性が生まれる。

21世紀の幅広い課題とその脅威に立ち向かうために、今日のリーダーは、論理や理屈を組み立て、優れた判断や戦略的な予測をする高い能力を備えていなければならない。

だが、それだけではない。他者に共感するために、感情や感覚に意識を向ける必要があり、地に足のついた判断を下すために、物事を直感的に捉える必要もある。

傾聴とマインドフルネスのスキルを身につけ、自己と他者の存在を意識し、高いレベルの見識とイノベーションを受け入れなければならない。確かな人間関係を築き、他者と協力して、心からの奉仕の精神、使命感、目的意識を明確にもたなければならない。

このようなリーダーを、私は「癒し手としてのリーダー」と呼ぶ。

それは、人間の性質のなかで
これまで表舞台から追放されてきたもの、
すなわち身体、感情、自己を超越した
精神世界を再び統合する
回復のための道でもある。

私たちの社会環境が、ここ数年で信じられないほど大きな衝撃を受けたことは疑う余地がない。市場の根本的な変化、世界的な気候危機の影響、新型コロナウイルスのパンデミックなどにより、社会はますます混乱し、不安定で予測不能な様相を呈している。

それがリーダーシップのリトマス試験紙のような役割を果たしてきた。

リーダーのなかには、会社や国家を動かしてさまざまな困難にうまく対応し、同時に人々に思いやりを示し、必要な安心感を与えることで、見事に役割を果たした者もいる。

彼らは人々の信頼を勝ち得ている。

一方で、このような前例のない困難に、時代遅れの古い統治スタイルで対応しようとするリーダーも多い。結果として、そういうリーダーは、利害関係者や有権者のために断固とした行動を取ることができない。あるいはそうした行動を取ろうともしない。

それは決して驚くべきことではない。彼らはただ、幼少期から教えられ、私たちの文化が当たり前としてきたスタイルやマインドセットに従って行動しているだけなのだ。

そうしたリーダーはあからさまに、あるいはそれとなく、私利私欲で行動し、自分の立場を優先し、守ろうとすることが非常に多い。彼らは心理的、経済的な動揺を乗り越えるための安心、回復力の基盤、信頼性を与えることはない。

彼らの行動は、人々のあいだに断絶や不信や機能不全を引き起こす。

このように大きく異なる対応を見ると、リーダーシップにはふたつのモデルが存在していることがわかる。

「執行者としてのリーダー」と「癒し手としてのリーダー」だ。

過去数十年にわたって、世界は何よりも成長と効率性を追求してきた。

それに伴い、執行者としてのリーダーが世界的なビジネスモデルの主流となり、「偉大」なリーダーとは活動の推進役であり、集団の統制を取る者だとする見方が一般的になった。

このようなリーダーは仕事上のつながりをもとに人間関係を築き、ひたすら有益な役割を果たすことを目指している。つまり、利益と株主への還元を最大化することを目標とする。

執行者としてのリーダーの能力は、ビジネスの競争という終わりのない戦いの場で刀のような役割を果たせるかどうかにかかっている。そして、それは消耗戦だ。

執行者としてのリーダーは、狭帯域（ナローバンド）で活動する。理性的で戦略的な思考ばかりを優先するという性質をもつ。彼らはたいてい感情や身体をもった自己から切り離され、そのため他者の話を傾聴したり、他者を受け入れたりといったことはしない。

執行者としてのリーダーは、「存在モード」をほとんど、あるいはまったく意識せず、常に「行動モード」で動いている。

だが、どんなモデルも環境の変化に応じて進化しなければならない。

新型コロナウイルスの世界的な危機をきっかけに、執行者志向のリーダーシップの本当の姿が明らかになってきた。「新たな異常事態」のなかで私たちが直面した、巨大で構造的な困難に、執行者としてのリーダーはうまく対応することができなかったのだ。

理性的で直線的な思考を重視するあまり、常にあらゆる物事を、理解可能で、予測可能で、再現可能な言葉で説明しようとするからである。

だが、複雑さを増す現代の状況に、そうしたアプローチで対応するのは難しく、それは今後も同様だろう。深まる混乱のなかで、ただ生き残るだけでなく繁栄していくためには、まったく新しい戦略的な能力、高いレベルの革新的な思考、そして他者を受け入れ自己を解放する高度な能力が必要なのだ。

それなのに、執行者志向のリーダーシップはいまも絶対的な基準とみなされている。すべての人が従わなければならないモデルと考えられている。それは、私たちがもはや役に立たないパラダイムにいかにしがみついているかを物語っているといえるだろう。

この時代遅れのスタイルに疑いを抱くことなく固執し続ければ、目的にふさわしくないリーダーが輩出され、私たちの社会の長期的な健全性が脅かされてしまう。

私が仕事で関わってきた多くのリーダーは、自分がアンバランスで持続不可能なやり方で組織を率いていることを、直感的に理解している。なぜなら、そうしたやり方が引き起こすストレスと苛立ちを感じているからだ。

意義やつながりを見出せず、時には絶望さえも感じているからだ。

ところがビジネス教育の分野では、リーダーの内面的成長やリーダーに必要な感情的、倫理的、精神的な成熟が重視されたり、指導されたりすることは驚くほど少ない。

ほかの多くの分野では考えられないことだが、リーダーは十分な準備もしないままに、責任ある高い地位に押し上げられてしまうのだ。

パンデミックが起きる以前から、多くの経営者やシニアリーダーは、ますます予測不能になる環境のなかで伸ばすべき能力について語ってきた。

おもなものとしては、不確実性を受け入れ、効果のない修正を急がずに逆説や疑問や曖昧さを受け入れる能力などがあげられる。

従来の直線的で型にはまった戦略をはるかに超えたやり方で複雑な状況に対応し、適応する必要性が高まっていることを彼らは明らかにしていた。パンデミック以来、世界は飛躍的に不安定さを増している。

私のクライアントであるCEOのひとりが近頃、次のように話してくれた。

「以前のやり方では、組織を率いて戦略を策定するのがどうしても難しいことがだんだんわかってきました。まったく新しい世界に足を踏み入れたのです」

私たちは個人としても集団としても、変わりやすく、不確実で、複雑で、曖昧な環境（VUCAな環境）にこれまで以上に陥っている（訳注：VUCAは、Volatility、Uncertainty、Complexity、Ambiguity の頭文字を取った略語）。

さらに最近では、脆弱で、不安で、非直線的で、理解しがたい状況（BANIな状況）という新しい略語もビジネス用語として登場している（訳注：BANIは、Brittle、Anxious、Non-linear、Incomprehensible の頭文字を取った略語）。

私たちの前に立ちはだかる構造的な問題は、これまで直面してきたものをはるかに超えて大きくなりつつある。こうした事態に対応するために、私たちは、新たな理解の枠組みとこれまで以上に高いリーダーシップを必要としている。

今日のリーダーは、複雑さを受け入れ、曖昧さに立ち向かい、心からの共感を示すことができなければならない。急激に変わりつつある世界で船の舵を取るために必要な知恵と感情的スキルを学ばなければならない。自分自身のためにも、そして自分が率いる者たちのためにも、内面を大いに成長させる機会を求めなければならない。

人々が力を尽くし、与えられるより貢献しようと努力することに深い満足感を味わえるような、真の関わりから成る文化をつくる能力と意欲をもたなければならない。

新たに出現した癒し手としてのリーダーのモデル

リーダーシップという文脈で語る場合、「癒し」とは身体の癒しではない。むしろ次のような意味をもつ。

- 統合の回復。つまり、私たち自身や私たちの仕事のやり方のなかで、バラバラになった、あるいは表舞台から追放されてきた断片をひとつの調和した統一体にまとめ上げる
- 頭で考える自己と、感覚や感情をもった自己のバランスを取り戻す
- 淀んだエネルギーを生き返らせて、活力を高め、つながりを深め、知性と知恵を高める
- 自己を超越した意識状態を覚醒させる
- 全体にとって有害で、不健全で、危険なものをすべて捨て去る

こうした癒しを与えることができるのは、物事を理性的に考える高い思考力をもちながら、同時に感情的、精神的成長にも力を注いできたリーダーだ。感情や感覚をもった存在としての自己を伝えるリーダーでもある。彼らは自分の内面を掘り下げ、傷ついた断片を十分に統合し、これまでよりも高いレベルの意識をもち、創造力を伸ばしている。

つまり、何千年ものあいだ、あらゆる文化で語られてきた能力を高めている。

その結果、そうしたリーダーは、何もかも取りこぼしなく、認知、感情、身体をすべて一体化させた自己を発揮することができる。

そんな癒し手としてのリーダーは、執行者としてのリーダーとはまったく異なる方法で、世界とその諸問題を眺め、その潜在的な解決策を考えている。

執行者としてのリーダーと同様にすべてを分析し、戦略を練ることができるが、同時に、自分自身や他者とつながることの意味や、存在モードと行動モード、主体性と受容性、理性と直感を統合することの意味を理解している。

癒し手としてのリーダーは、すべてが結びつき調和した存在の本質を理解し、それを体

癒し手としてのリーダーは、
すべてが結びつき調和した存在の
本質を理解し、それを体現している。
「ここにいて、いつもあなたと
向き合っている」と
周りの人に示している。

現している。「ここにいて、いつもあなたと向き合っている」と周りの人に示している。人と人とのつながりがもつ力を認識し、たとえば同僚や部下にほんの一時だけでも真剣に注意を向けることがいかに貴重かを理解している。

執行者としてのリーダーが、人とのつながりを欠いた「不在（アブセンス）の文化」を構築するのに対して、癒し手としてのリーダーは、人とのつながりをもとにした「存在（プレゼンス）の文化」を構築する。

癒し手としてのリーダーによる力の使い方は、執行者としてのリーダーとは決定的に異なる。刀の代わりに外科用メスを使うといってもいい。感情や共感が非常に重要だとわかってはいるものの、それだけでは必ずしも十分でないことも理解している。

真のリーダーシップは時として、組織や国家から道徳的、精神的な腫瘍のようなものを断固として切除する必要がある。そして癒し手としてのリーダーは、腕のいい外科医がするように、健全な組織を可能なかぎり最大限に温存しようとする。

この新たに出現したリーダーシップのモデルは、私たち自身のなかでこれまで隅に追いやられ、ないがしろにされてきた部分を解き放ち、私たちの処理能力を拡大してくれる。

より高いレベルの意識を仕事にもたらすことで、これまでよりもはるかに曖昧な情報やかすかなシグナルに気づけるようになる。

エネルギーやひらめきの新たな供給源を手に入れて、私たち自身やチームの努力をもっと効率的で、革新的で、影響力の大きいものへと引き上げることができる。

こうしたスタイルのリーダーシップは、内面の変化を要する旅であり、新たな知恵と共感を生み出す旅でもある。高度な理性や優れた科学と、時代を超えた深い知恵や最先端の身体心理学とを結びつける道でもある。

この道を歩むことで、リーダーは現代に対応するための準備を整えることができる。

このように斬新で、必然的にこれまでとは大きく異なる考え方は、リーダーシップについてまったく新しい視点を与えてくれる。

「新たな異常事態」に直面するいま、かつてのモデルはもはや十分ではない。要するに、執行者スタイルのリーダーシップでは、そうした事態を収拾できないのだ。

アルベルト・アインシュタインが述べたように、私たちは、問題を生み出したときと同じ考え方では問題を解決することはできない。

新しいツールボックスが必要な時期なのだ。

思考と感情の帯域を拡大する

古いパラダイムでは、ほとんどのリーダーは、情報を取り込み、戦略的に分析、評価し、それをもとに解決策を展開する。感情や直感や身体をもった自己を顧みることはない。実際、社会や組織で見られる多くの文化では、感情は弱さと結びつくものとみなされ、予測不可能なものと誤って認識されている。

感情は完全に非生産的なものと考えられているのだ。

私たちはそもそも、純粋に合理的な意思決定のようなものが存在するという幻想を抱いている。だが、私は40年以上のあいだ、利害関係が大きいときに純粋に合理的な意思決定が行われた例をただの一度も目撃したことがない。

というのも、私がこれまで出会ったすべてのリーダーは例外なく、心のなかに、幼少期や青年期に生まれた痛みや傷、不安の塊を癒されないまま抱えていたからだ。

世代を超えて引き継がれる傷や構造的な家族の問題もある。それは人間として避けられない自然なことだ。過去の痛みを安全かつ周りに迷惑をかけずに処理できる機会はめったにないため、そうした傷が癒されないまま残ってしまうのも驚くにはあたらない。

だが、それらは自然と消えていくものではない。それどころか、凍ったエネルギーの塊として、いまこの瞬間にも存在し、私たちの意欲を左右し、心を麻痺させ、私たちの活力やビジョン、人間関係を築く能力を制限することもある。

著名な精神分析医のカール・ユングは、「無意識を意識化するまでは、無意識があなたの人生を左右し、あなたはそれを運命と呼ぶだろう」と語っている。

有害なCEOが、時に成功を収めることは誰でも知っている。そうしたリーダーは、時代遅れの組織規範や機能不全に陥った権力構造を背景に、揺るぎない地位を築き、制限を受けることなく立場を守っている。

世界的に有名なリーダーのなかには、不名誉や敵意、あるいは暴力さえも当たり前の家庭環境で生まれ育った者も多い。彼らの多くは、幼少期の逆境で受けた癒えない傷を抱え、その結果、感情を制御できず、対人関係に難しさを感じている。自己陶酔的な傾向[2]や反社会的な性格[3]さえ見られる。

それらすべてが人々や組織に深刻な影響を与えている。

そういうリーダーが大きな権力を握る文化では、他者に共感し、自分の弱さをさらけ出し、人とつながりを築くといった優れた特性を弱点とみなす、時代遅れの考え方が支持されている（結局のところ、これらの特性は古くから女性と関連づけられてきた）。

執行者としてのリーダーはそうした偏った考え方を支持し、一方、癒し手としてのリーダーはそうした考え方を否定する。

癒し手としてのリーダーは、悲しみを認めないかぎり喜びは感じられないと理解している。恐怖を受け入れないかぎり真の強さは理解できないとわかっている。感情を無条件に受け入れないかぎり、高いレベルの知性と知見は手に入らないと理解している。

そして、すべてを一体化した状態で生きるとはどういうことかを思い出さないかぎり、豊かで多面的な人生経験が大きく失われてしまうことも理解している。

何百人ものクライアントと一対一や組織として接するなかで、気づいたことがある。

それは、リーダーが心から安心を覚えて自分の感情に真正面から向き合い、それを健全で適切な方法ではっきり言葉にすると、非常に良い結果が生まれるということだ。

たとえば、私たちは不安や恐怖と戦って否定するのをやめて、それらを受け入れることで、それまでよりも身体の奥深くに意識を置き、エネルギーを解放し、他者とより良い関係を築き、つながることができるようになる。

シニアリーダーたちがいわゆる「厄介な」感情を互いに率直に話し合えるだけの安心感を抱ければ、つながりと理解の突破口がほぼ必ず開かれる。自分の恐怖、悲しみ、苛立ちに意識を向けるゆとりがもてれば、戦略を考える際に守りに入ることが少なくなる。心を開き、他者に思いやりを抱き、自分自身と世界を受け入れられるようになる。

すると必ず、新しいアイデアや解決策につながる扉が開かれるのだ。

私の同僚が最近15人の最高経営責任者を集めて行ったプログラムについて話してくれたので、それを紹介しよう。

参加者はまず、心の奥底の気持ちを書き記すライティング演習を行った。そして、書いた文章をほかの参加者たちに話すようにと促された。私の同僚は、参加者の少なくとも3人が友人や同僚を新型コロナウイルスで亡くしていることを知っていた。

ある女性参加者が感極まって話すことができなかったため、同僚はほかの参加者に目を向けながら、彼女の前にひざまずいた。そして、代わりに文章を読み上げていいかと許可を求めてから、手を自分の肩に置くようにと彼女に促した。

彼が文章を読み進めるにつれて、参加者たちの気持ちは明らかに和らいでいった。読み終えると、おのずと感動的な沈黙が広がり、その後の議論では、参加者から新しいアイデアや知見が次々と飛び出したという。

エネルギーの働きとはそういうものだ。

感情を抑えるための身体の緊張がすべて緩むと、それまで閉じ込められていたエネルギーが解放され、私たちの身体には深い落ち着きがもたらされる。エネルギーが流れ出し、それはおのずと個人と集団のダイナミックな知性を生み出すリソースへと代謝される。

反対に、こうした感情のエネルギーを閉じ込めたままにすれば、私たちは「狭帯域（ナローバンド）」状態で活動することになる。感情や感覚をはっきり感じることができず、そのため自分自身や他者のために完全な状態で存在することができなくなってしまう。

悲しむべきことに、そして危険なほどに、西洋文化ではそれが常態化している。西洋の主流の教育はほぼ例外なく、理性的な思考とそこから生まれる実用的な成果を重視する。そうしたパラダイムでは、創造力や遊び、人と人とのつながりなどを犠牲にして、知識の蓄積が優先される。自然を自分たちとは関係のないもの、支配し征服すべき対象として軽んじている。

人間関係の大部分は仕事上のつながりとなり、私たちは互いに言葉を交わしながらも、互いを感じることはめったにない。他者の話に心から耳を傾けず、聞き流すことを覚えてしまう。やるべきタスクで頭がいっぱいになり、休む暇もなく行動し続ける。

不完全な人生を生きることになり、世界を直接経験して楽しむことができなくなってしまう。それらすべてが行き着く先は、私が「不在（アブセンス）の文化」と呼ぶ場所だ。あらゆるものから切り離され、誰も何も感じられない状態である。

デジタル接続が加速する時代に
生きる私たちがこれまでになく孤立し
つながりを失っているのは、
実に残酷な皮肉だ。

デジタル接続が加速する時代に生きる私たちがこれまでになく孤立しているのは、実に残酷な皮肉だ。

周りを見れば、特に若い世代を中心に、不安やうつ、孤独が蔓延し、社会的対立、政治の二極化、飽くなき消費、さらには地球が破滅するのではないかという絶望によって、すでに亀裂の入った社会が徐々に崩壊しつつある。

つらい現実から目を背けるために、私たちは過剰な物質主義に陥り、いわゆる生産性というものに取りつかれている。真の目的、アイデアのひらめき、自己や他者とのつながりを見失ってしまった。

そのため、人間的な心のこもった触れ合いの力を実感できなくなり、私たちが住む世界の景色や環境を直感的に感じられなくなっている。

いまこそ、この喪失と断絶の状態から目を覚ますときだ。

そうすれば、心に静寂が訪れ、それが次第に深まり、自分自身と自分の人生をより重層的に、多面的に認識できるようになるだろう。

それにつれて、これまでの習慣や心の乱れによる悪影響が消えていく。感情や身体の感覚を意識して他者とつながり、存在する能力が、人生や仕事の重要な指針となるだろう。

では、どうすればそういう豊かな世界に人々を導くことができるのか？リーダーがその方法を知っていれば、ミーティングはもっと充実し、活気づき、時にすばらしいアイデアが生まれるはずだ。まったく高次の集合知が展開されるはずだ。そうした知性こそがいま、かつてないほど差し迫って必要とされている。

人類はいま、重大な岐路に立たされている。私たちは変わらなければならない。さもないと、悲惨な、存続さえ危ぶまれるような結末に直面することになる。古いパラダイムのリーダーシップに縛られた組織は、消滅する可能性があるのだ。

先日、スイスのＩＭＤビジネススクールで、ある企業の幹部が休憩中に私に話しかけてきた。彼はこう語った。

「私は創業80年の伝統を誇るスイスの会社で働いています。会社はこれまでずっと業界トップの座を守ってきました。ところが最近、新しい競合会社が登場したのです。5年以内にはトップの座を奪われてしまうでしょう。それなのに、旧態依然とした我が社の取締役連中には、その会社がなぜ伸びているのか理解できないのです。

私たちから見れば明らかです。その会社は、私たちがこのプログラムで学んだことを実践しているのですから。だから、エネルギーに満ち溢れ、つながりを大事にし、イノベーションを生み出せるのです」

私たちはこれからも、心を通い合わせることができないリーダーを支持し続けるのだろうか？　真の人間関係を築けず人の言葉に心から耳を傾けることができないリーダーや、直線的な思考の「狭帯域（ナローバンド）」状態に陥ったリーダーを支持し続けるのだろうか？

それとも、目の前のことに気持ちを集中し、心の底から他者に寄り添い、他者を受け入れるリーダーを求め、育てるのだろうか？

自己をよく認識し、温かい感情をもち、有意義な貢献に身を捧げるリーダーや、新しいアイデアを喜んで受け入れるリーダーを望むのだろうか？

精神科医でオックスフォード大学オール・ソウルズ・カレッジの研究者であるイアン・マギルクリストは、著書『主人と使者（*The Master and his Emissary*）』のなかで、現在のような左脳的思考と右脳的思考のアンバランスな状態やとりわけ左脳的思考が優位な状態は、文明の存続にとって唯一最大の脅威であるとまで述べている。[4]

飽くなき消費や終わりなき経済成長といった行動モデルに従ってきた私たちは、崖っぷちに立たされている。ますます複雑に、予測不能になり、大きく変化する世界のなかで、個人や組織や社会は、進化し続けなければならない。

その必要性はいまや、かつてないほど重要で緊急を要している。

新しいタイプのリーダーシップへの道を示す

本書は、人間のすべての側面を統合した新しいタイプのリーダーシップの必要性を訴えた本である。そして、その結果として自然に生まれる、高いパフォーマンスを発揮するチームと高度な組織文化を追求した本でもある。

この統合に積極的かつ熱心に取り組むことは、私たちが直面する困難をどうやってうまく乗り越え、どんな未来をつくり出すかを決めるうえで非常に重要だと私は信じている。

本書が示す考え方や方法は、あらゆるタイプやレベルのリーダーシップに適用できるものだ。それらを理論や事例、さらにはリーダーがもてる能力をすべて発揮するための実践的なトレーニングを通じて説明する。

本書を読めば、リーダーは自らの存在をしっかりと意識し、高いレベルの知見とイノベーションを受け入れることで、感情や感覚を意識した、活気溢れる、つながりの文化を築けるようになるだろう。

これまで何百人ものリーダーがこの方法で試行錯誤を繰り返し、変化を実現できることが明らかになってきた。

続く以下のCHAPTERでは、癒し手としてのリーダーになるための基本的な考え方と具体的なトレーニング方法を紹介していくつもりだ。

読者のみなさんは、それらを必要なだけ、何度でも試してほしい。

メモを取り、時間をかけて考え方を吸収し、新しい形のリーダーシップを身につけ、それを世界のために役立ててほしいのだ。

最初に、基本となる考え方を示す。それから、互いに依存関係にある5つの観点で、必要となる内面の変化を説明する。

- 基本コンセプト――存在モードと行動モード
- 感情を受け入れる
- 身体という実体がもつ力
- 目的のある人生
- マインドフルネスと瞑想の実践
- リーダーの使命

また、本書全体を通して、次のようなこともできるだろう。

- 癒し手としてのリーダーになるためのシンプルで実践的なトレーニング方法とツールを数多く学ぶ
- この極めて実践的で大きな変化をもたらすアプローチが、ほかのリーダーたちにどのように受け入れられてきたかを知る

数年前、私はイスラエルで、ユダヤ教の著名なラビに面会する機会に恵まれた。私が仕事で多くのリーダーと関わることを知って、ラビは面会の最後に、リーダーたちに伝えてほしい重要なメッセージがあると切り出した。

アブラハムの宗教が担う最大の使命は「幸せを与える存在になる」こと。すべてのリーダーがその使命を心に刻んでほしい、と彼は語った。

本書の主張は、読者のみなさんが育ってきた環境、働き方、生きている現実とは矛盾するものかもしれない。だが今日、人々にとって最も刺激的で、最も切実に必要とされているのは、最大限に理性的な思考をしながらも、深い知恵、自己や他者とのつながり、知性に基づき行動するリーダーなのだ。

そんなリーダーこそが、「幸せを与える存在」として世界を歩んでいく。

私たちの未来は、彼らにかかっている。

いまこそ新しい道が必要なのだ。

CHAPTER 1

基本コンセプト

――存在モードと行動モード

私たち人間には、ふたつの基本的なモードがある。

存在（being）モードと行動（doing）モードだ。

存在モードとは、感情や感覚をもった自己を受け入れることから生まれる状態である。それに対して、行動モードは、理性的で、分析的で、戦略的な思考から生まれる行動をいう。

これらふたつの異なるモードは、それぞれ独特な性質と能力をもち、しかも互いに強く補い合っている。

理想の世界では、私たちは存在モードと行動モードをバランスよく両立させ、それぞれのモードは、私たちの認識や行動の過程に同じくらい影響を与える。

存在モードと行動モードは、人間の脳の異なる部分に関係している。

現在、「左脳は論理性、右脳は創造性」というように、ふたつの大脳半球が互いに無関係なまったく異なる機能を果たしているという考え方は、あまりにも単純化された説とみなされている。

さまざまな研究によって、左脳と右脳はそれぞれ独自の性質をもつ一方で、効率的かつ効果的に機能を果たすために、連携することが明らかになっているからだ。

左脳は焦点をはっきりさせて理論的な分析を行うのに対して、右脳は反射的で感覚的な広いつながりを考慮し、直感的な考えを可能にする。

私がこれまで仕事で関わってきたほとんどすべてのリーダーや組織は、存在モードよりも行動モードに支配されていた。

私たちはできるかぎりの努力をしているにもかかわらず、行動や実行ばかりを繰り返し、「存在」の重要性を見過ごし、ないがしろにしてしまうことが多い。

あなたは、ズーム会議が始まる前に5分ほど黙って座ったまま、自分のなかにある感情を意識し、心を落ち着けてから会議に参加したことが最近あっただろうか？ ミーティングの司会をしているときに、少し休憩を入れて参加者たちにどう感じるかと気持ちを尋ねたことが最近あっただろうか？

あるとすれば、目の前の問題をひたすらまくしたてるだけの参加者がどれぐらいいただろう？

これらの問いに答えてみると、私たちにとって、存在モードと行動モードのアンバランスな状態がいかに当たり前になっているか、また私たちがどれほど行動モードを優先しているかがわかるはずだ。

全体的に見て、私たちは問題解決を重視しすぎている。

やることリストのタスクを消し込み、次のタスクに移ることばかり考えているため、戦略的思考が優位になっている。行動モードを重視しすぎるあまり、感情や感覚をもった自己から切り離され、それによって、仕事に必要とされる知性や内的リソースの少なくとも半分しか使っていない。

左脳が事実上、右脳を支配下に置いてしまっているのだ。

その結果、ますます複雑化するこの激動の時代に、私たちは幅広い情報にアクセスできず、自分自身や他者を、さらには組織の仕事というものを感覚的にはっきりと理解し、うまく対応することができなくなっている。自分たちの処理能力の一部しか利用できないために、まるで片手を縛られたまま世界を航海しているかのようだ。

つまり、「狭帯域（ナローバンド）状態」に陥っているのだ。ただ頭で考えをめぐらせるばかりで、感じたり、感覚や直感で捉えたりすることはめったにない。

マサチューセッツ工科大学の研究者であるオットー・シャーマーは共著『出現する未来』（講談社）のなかで、次のように述べている。

「『わからない状態』に耐えることが必要であり、『何かを知ろうとするのではなく、ただ心を静め全体を意識する』ことが重要だ……これこそ、転換の内面の変化である。そしてこれは、多くの経営者の心の状態とは正反対といえる。……多くの変革プロジェクトには、『計画』に闇雲《やみくも》に固執するという欠点がある。……大いなる目的に突き動かされたとき、自分の意志を通そうとするだけでは決して喚起できない力が働いてくれる」[5]

だが、たとえ彼が言うように、それが私たちの行動パターンと正反対だとしても、誰にでも自分自身や世界をもっと開かれた方法で経験する瞬間がある。

気持ちのいいマッサージを受けて、両肩が5センチほど下がったように感じられたときのことを思い出してほしい。

一瞬で肩の凝りがほぐれ、リラックスした気分になる。そこで初めて、自分がどれほど肩を怒《いか》らせ、緊張感をみなぎらせて歩いていたかに気づくのだ。ほかの人たちも同じように見えるので、それが普通の状態だと思い、疑問を抱いていなかっただけなのだ。

あるいは、ヨガやエクササイズの講座に参加したときのことを思い出してみよう。終わって外に出ると、少なくともしばらくのあいだは、現実がいつもと違って、鮮明で刺激的に見え、自分が生き生きとして自分自身や周りのすべてとの結びつきが強まったように感じられただろう。

そして、なぜそういう感覚がなかなかもてないのか、自分が生きている「普通」の現実はなぜこんなにも不完全なのかと考えたこともあるかもしれない。

発達理論の言葉を借りると、これは「主体から客体にシフト」した決定的な瞬間だ。[6]

私たちは、緊張して肩に力が入り、感覚が鈍くなり、存在モードよりも行動モードに支配された状態にありながら、そのことにほとんど気づいていない。

そうした状態は、目立たない背景の一部のようになってしまう。

人生の一部、私たち（主体）の一部になってしまうのだ。

ところが、決定的な瞬間が訪れると、私たちはその状態を客体として認識する。

つまり観察できるようになるのだ。主体から客体へのシフトを目の当たりにすることで、その意味をよく考えられるようにもなる。


発達理論では、主体の客体化は、状況を一変させる決定的な一歩なのだ。

私は、仕事でさまざまなクライアントや組織と一対一で向き合うなかで、その重要性を何度も実感している。自己や他者とつながるという新しい経験をすると、私たちの視点は一変する。新たな地平が開かれ、これまでの習慣を脱却するために時に継続的なトレーニングが必要だとしても、まったく新しい道が開かれるのだ。

では、どうしたらその道を歩むことができるのか？

本書で、それをみなさんに説明していきたい。

自己の内面を転換する

マインドフルネスを実践して、論理や理屈と感情や感覚とを上手に結びつける方法を身につけると、私たちは、自分のアイデンティティを自己の周縁部から内面化し、自分のなかにある深い井戸のような、深い中心軸のような部分から行動するようになる。

意識の中心をどこに置くかを見直し、意識を広げることで、すべてが統合された全体へと意識が向かうようになる。

「思考する私」から「思考と感情と感覚をもった私」へとアイデンティティが転換する。

この転換が大きな変化をもたらすのだ。

存在モードと行動モードはふたつの動き、あるいは軌道のようなものと考えることができる。

理性的な思考に支配されると、私たちは前へと向かう軌道に沿って進みがちになる。この方向の勢いが強くなればなるほど、私たちの意識は自分自身の上へ、外へと向かい、まさに身体との接触から離れて、実体から切り離された周縁部へと向かっていく。

意識が頭のあたりに向かっていくともいえるだろう。

これが「前へと向かう輪」である。

私たちは、それが世界と関わりをもつ普通の方法だと誤解しているが、じつはこれこそが狭帯域（ナローバンド）に陥る原因となっている。

それに対して、存在モードを前面に押し出すようになると、私たちの意識は身体の奥へと落ちていくかのように、後ろへ、下へと向かっていく。

すると、すべてが変わるのだ。感情や感覚をもった自分を強く感じるようになり、自己にしっかり根差した感覚が生まれる。

これが「後ろへと向かう輪」であり、私たちの帯域を大きく広げる土台となる。

このような、人からはわかりにくいが重要な転換が起きると、思考が冴えわたり、それと同時に、アクセスできる内的リソースが大きく広がっていく。

そして、はるかに鋭い感覚で、覚醒した状態で世界と向き合うことができるようになる（そこから生まれる力については、あとのＣＨＡＰＴＥＲで説明するつもりだ）。

私たちはきっちり仕事をこなすことばかりを考えていると、人から言われたことを即座に、無条件に受け止め、言葉の意味を分析し、それに反応してしまう。

感情や感覚をほとんど意識しなくなる。心のなかに余白をもつこともなければ、人の言葉を心から受け入れることもない。

だが、真の傾聴はそういうものではない。

傾聴とは他者を受け入れることだ。

そのためには、自分を開いて相手の言うことに耳を傾け、相手の考え方を理解し、相手の心のなかにある感情の風景を感じて、相手の言葉と気持ちが自分のなかに落ちてくることを許す必要がある。

このように相手の話を傾聴すれば、私たちは、はるかに迅速に、多くの情報を得たうえで、行動を起こすことができるようになる。

傾聴のすばらしい点は、聞き流すことよりも時間がかかるわけではないということだ。それどころか、相手の話を傾聴すると、相手に寄り添った的確な対応を取れるようになるため、時間の無駄がなくなる。

そのうえ、傾聴によって相手との絆が深まり、相手とともに考え、協力して行動することで、思考力、判断力、創造力が高まることにもなる。

■「前へと向かう輪」から「後ろへと向かう輪」へのトレーニング

私のクライアントの多くは、このたとえを実際に試してみると、生き生きとした内的リソースがよみがえり、大きな効果が生まれることを実感している。

次のトレーニング方法を試してほしい。

まず、前へと向かう輪を意識的につくり出してみよう。つまり、あなた自身が下半身から離れて上へと上がっていき、前へ、外へと世界に向かっていくようなイメージを思い浮かべてほしい。すると、呼吸が浅くなり、座っている感覚や脚の感覚がなくなっていくのに気づくだろう。感覚の幅が狭まっていくのだ。

次に、一呼吸置いて、何回か深呼吸をする。

息を吐いて、あなた自身のなかへ、下へと意識を向けていこう。息を吐き出すたびに、緊張を緩めて、ゆったり椅子に腰かける。脚の感覚を意識して、足の裏が床に触れているのを感じてほしい。視線を和らげよう。

さあ、あなたはいま「後ろへと向かう輪」を意識して、存在モードの状態で生きている。すると、自分が周りの世界にしっかりと向き合い、他者の声に耳を傾けようとしていることに気づくだろう。トレーニングを続けていけば、頭が澄み切った状態になり、新しい物事や状況を受け入れる力も高まるはずだ。

このトレーニングを毎日、何度も繰り返してみよう。参加者とリーダー、あるいはどちらの立場であれ、ミーティングへの参加前に、あるいはミーティング中に、これを試してほしい。トレーニングをすればするほど、大きな変化を感じられるだろう。

やるべきことはシンプルだ。「前へと向かう輪」に陥っていると気づいたら、その状態から脱却しよう。

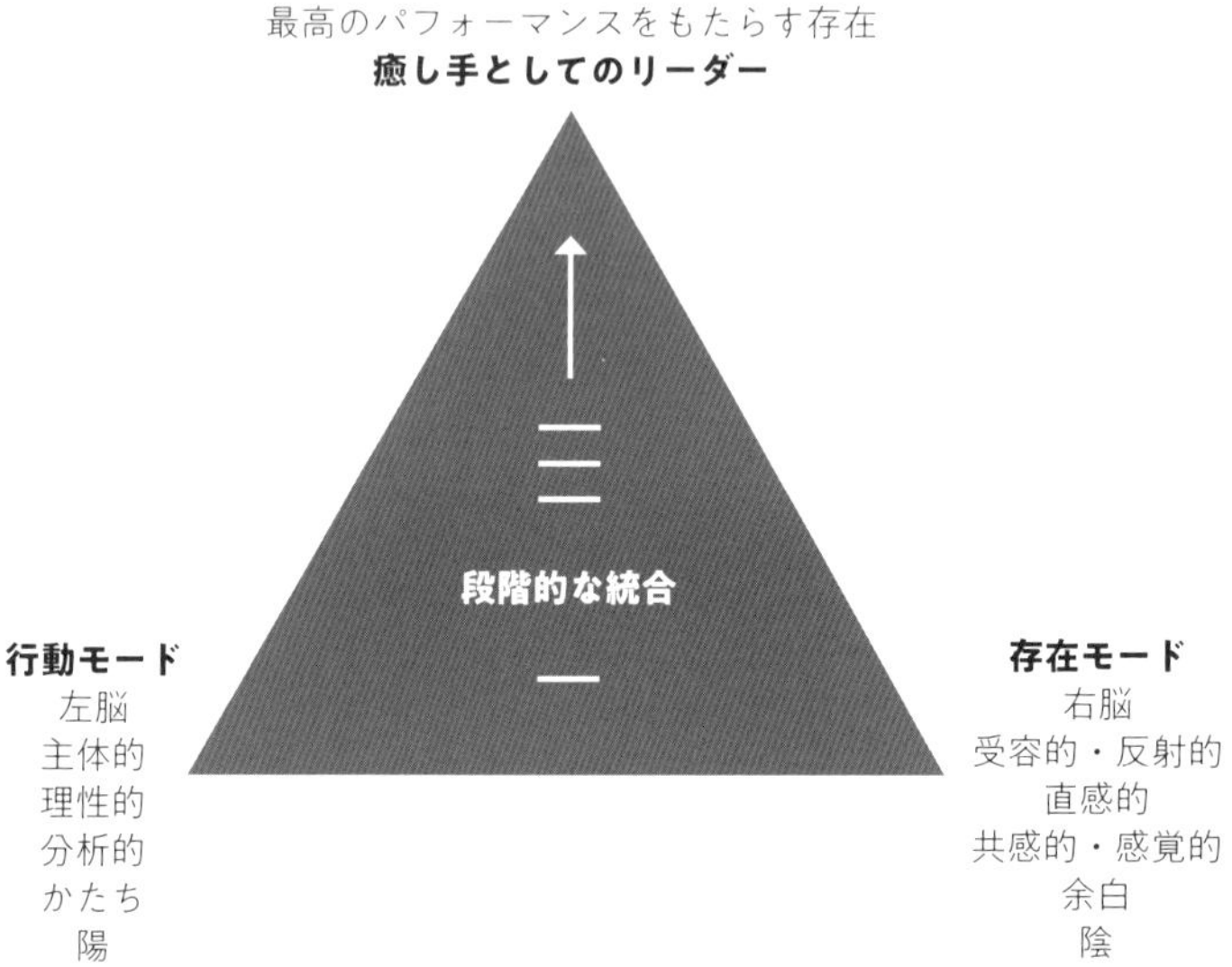

自己の内面を転換し、存在モードを取り入れるトレーニングをすると、心に深い落ち着きがもたらされ、自分の居場所に帰ってきたような気分になる。そんな状態が次第に「新しい日常」になるにつれて、私たちは、これが人間の本来あるべき姿だと気づくようになる。

行動モードが存在モードを支配下に置いてしまうと、私たち個人の能力が損なわれるだけでなく、組織や集団での意思決定にも危険な異常が生じることも見えてくる。

ふたつのモードはどのように異なるのか？

さらに詳しく掘り下げてみよう。

1 左脳と右脳

私たちは左脳と右脳によって、現実を異なる方法で認識することができる。左脳は細部を重視するのに対して、右脳は全体を重視する。

左脳は個々の部分に焦点を当てて、限りなく洗練された理性的な分析を可能にする。一方で、右脳は身体との直接的な結びつきや、外部の現実を感覚的に認識することを可能にする。右脳の働きのおかげで、私たちは外界との関係を感じることができる。

2 主体的と受容的・反射的

主体的に、さらには効果的かつ効率的に行動できることは、重要な業務能力である。それに対して、腰を落ち着けて、手っ取り早い解決策を求めずに情報を吸収し、それに応じた行動を取ることで、重要なバランスが生まれる。

時には比喩的な意味で（あるいは文字どおりの意味でも）、森を散歩したり、湖の周りを歩いたりすることも必要だ。主体性ばかりを優先すると、相手の話にじっくりと耳を傾け、それに対応することで生じるかすかな気づきや解決の手がかりを見逃しやすくなるからだ。

3 理性的と直感的

理性とは、すばらしい資質である。だが、直感を犠牲にして理性を働かせるとしたら、私たちは豊かな情報が得られるフィールドを失ってしまう。理性的な思考では想像することができない、豊かで広大な情報源を失ってしまうのだ。

ボブ・サンプルズは著書『思考とは何か——意識に対する賛美（*The Metaphoric Mind: A Celebration of Consciousness*）』のなかで、次のように述べている。

「アルベルト・アインシュタインは、直感的な思考は神から賜ったギフトであり、理性的な思考はその忠実なしもべだと語った。ところが、現代の生活では、しもべを崇めて神を冒涜するようになった。じつに奇妙なことだ[7]」

4 分析的と共感的・感覚的

個々の部分を通じて物事を分析する能力はとても貴重なツールだが、自分たちや周りの状況を感情や感覚で捉える能力も同様に大切だ。感情や感覚を交えずに他者や状況を分析するということは、私たちの処理能力の半分も使っていないことになる。

5 かたちと余白

ユダヤ教の神秘主義の伝統では、書物を開くと、そこには黒い文字と白い余白があると教えられる。行動モードに陥っていると、私たちは黒い文字だけを凝視する。

ところが、行動モードと存在モードをバランスよく統合すると、文字と余白の両方に気づくようになり、それによって、私たちの処理能力は大幅に向上する。つまり、はるかに大きなゲーム盤の上でプレーするようになるのだ。

白い余白は創造力の土台のようなものであり、アイデアが「湧き出る」内的な領域でもある。白い余白にアクセスできなくなると、部分的で不完全な視点しかもてなくなってしまう（この概念については、CHAPTER5で詳しく説明する）。

6 陰と陽

東洋では、存在モードと行動モードというふたつのモードは、長いあいだ、陰と陽として認識されてきた。陰と陽は互いに補い合って、人生の核となる原則を構成する。

古くからよく知られる、動きが絡み合ったような太極図は、このふたつのモードの統合を表している。この図は対立とともに、身体、感情、思考、精神が健全に機能する調和とバランスも表現している。

癒し手としてのリーダーに必要な内面的な調和

癒し手としてのリーダーは、存在モードと行動モードとのあいだの断絶を修復し、ふたつのモードを再び結びつけて統合することで、分裂と分断による葛藤を解消する。

まずは自分自身のなかで、続いて自分がリーダーとして率いる人々のあいだでそれを行う。そうしたプロセスを通じて、私たちは内面的にも対外的にも、深いレベルの結合と調和を実現する。理性、身体、心をすべて行動に反映させることで、問題や困難、チャンスに対してはるかに高度な対応が取れるようになる。

そして、はるかに大きな可能性のフィールドにアクセスし、そこから行動できるようになるのだ。

以前、あるリーダーシップ・プログラムで、参加者から「では、存在モードでどれくらいの時間を過ごして、行動モードでどれくらいの時間を過ごすべきですか?」という質問があがった。私たちはみな笑った。なぜそんな質問が出てきたのかがすぐにわかったからだ。

ふたつのモードはそれほど分断されている。

両モードの橋渡しをすると、私たちは最適なパフォーマンスを発揮するようになる。

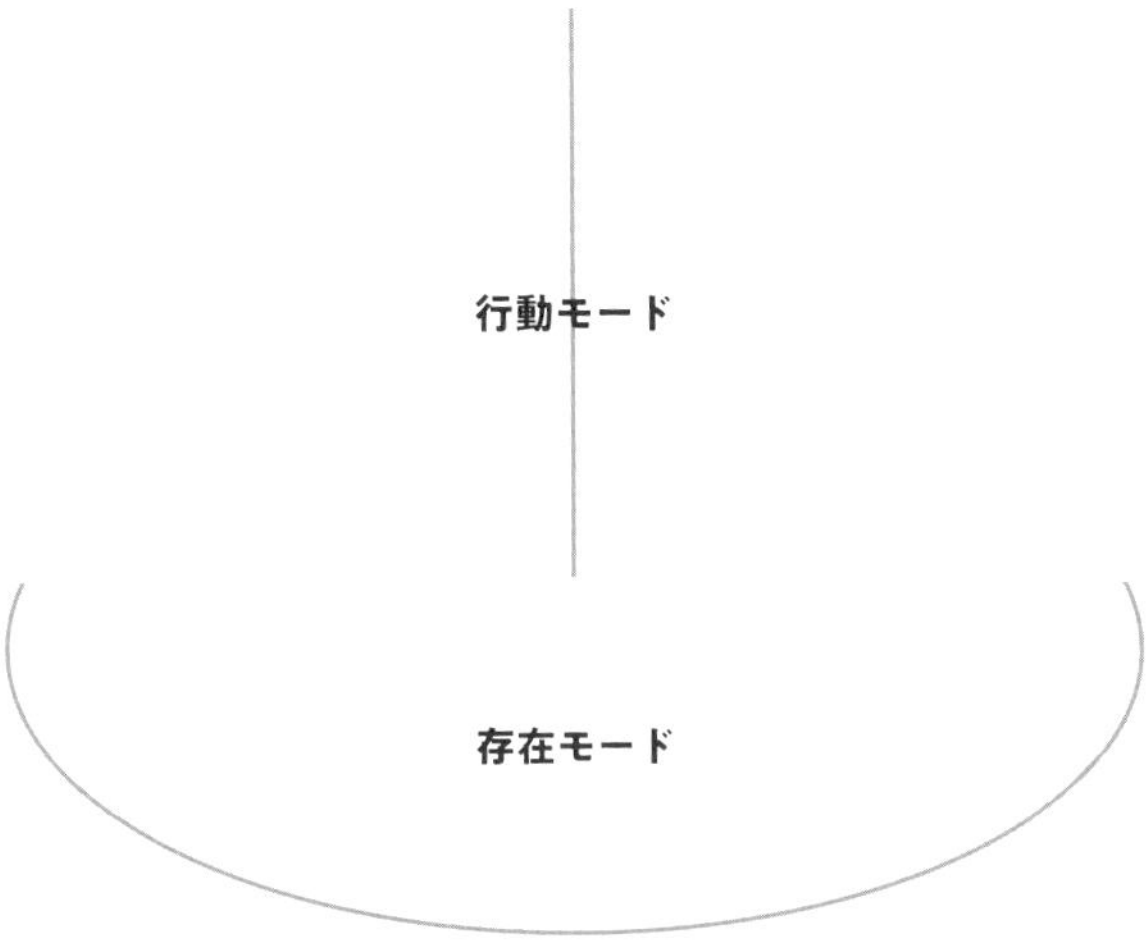

すべての行動が、存在モードの内的リソースから生まれるようになるからだ。

つまり、上の図のようなイメージになる。

存在モードの「皿」のようなものがあり、そこからすべての行動が生まれてくるわけだ。ゆっくりした動きであれ、素早い動きであれ、単純な行動であれ複雑な行動であれ、あらゆる行動が存在モードから生じるようになる。

すると、認識と感情、理性と直感の窮屈な二項対立は消えてなくなり、ふたつのモードは互いに補い合い連携して、高度なレベルで機能するようになる。

存在モードはバランスの取れた土台の役割を果たす。その土台の上で、私たちはただ反応を示すのではなく、相手や状況に応じた対応を取ることができるようになる。

癒し手としてのリーダーとは、左脳と行動モードを十分に活用しながら、同時に感情や感覚を最大限に働かせるリーダーだ。

彼らは存在に意識を向けることで、豊かな感情や直感、感覚を認識する能力を育み、その結果、処理能力が拡大する。素早い行動、ゆっくりした行動、わかりにくい行動、あからさまな行動、穏やかな行動、激しい行動など、どんな行動であれ、相手や環境、あるいは私たちが直面する困難に応じたものになるからだ。

癒し手としてのリーダーは、行動と内省、主体性と受容性、分析的な能力と直感的な能力の統合を図ろうとする。

統合された土台をもとに、「ここにいて、いつもあなたと向き合っている」と周りの人に示し、（単に反応するのではなく）自分自身や他者に適した対応を取る。生き生きとした強いリーダーシップを生み出し、その存在を周囲に示すためには、そうしたリーダーの内面的な調和が必要なのだ。

自分を見つめ直すための問いかけ

- あなたの人生やリーダーシップにおいて、行動モードと存在モードはどのように機能しているか？
- あなたはこれらふたつのモードが統合された経験、つまりすべての行動が存在モードから生まれる経験をしたことがあるか？　それはいつ、どのように起きたか？
- あなたは何をきっかけに、存在モードを意識するか？（活動、場所、人、芸術など）それらをもっと大事にする必要があると思うか？

神経科学と学術的な視点から得られるもの

陰と陽の概念のように、古くから伝わる多くの知恵には、私たちはみな互いに補い合う両極端の性質を有しているという考えが見られる。

これについて、現代の社会では、神経科学をはじめとするさまざまな学問分野の研究者らが、瞑想とマインドフルネスが脳に与える影響を詳しく調べるようになった。

たとえば、これらを実践することで集中力と注意力が高まり、不安や憂うつな気分の解消といった多くの効果があることもわかっている[8]。

じつは、瞑想とマインドフルネスは、脳波の周波数を明らかに変化させる。

瞑想やマインドフルネスを行った人の脳波は、ベータ波の状態から、アルファ波、シータ波、デルタ波が強い状態へと変わっていく。

ベータ波とは、通常の覚醒時の意識に見られる周波数で、決まった作業をこなすのに適している。一方、アルファ波、シータ波、デルタ波は、リラックスした集中状態やフローの状態を促すだけでなく、学習効果や記憶力、直感力を高め、細胞の再生と修復を促すともいわれている[9]。

すでに紹介したイアン・マギルクリスト博士は、左脳と右脳について幅広く研究してきた。ふたつの大脳半球は、脳が機能を果たすために常に必要とされるが、それぞれ独自の役割を果たすと彼は言う。

左脳は焦点を絞った、狭い注意力を生み出す場所であり、それに対して、右脳はもっと幅広い、持続的な集中を可能にし、警戒心や覚醒を促すという[10]。

彼は画期的な著書『主人と使者――分断された脳と西洋世界の形成（*The Master and his Emissary: The Divided Brain and the Making of the Western World*）』のなかで、「ふたつの大脳半球の関係は、左右対称ではないと思われる……なぜなら、左脳は結局のところ右脳に依存しているからだ。寄生しているといってもいい。だが、この事実はまったく知られていないようだ」と興味深い考察を述べている[11]。

長年の研究をまとめ上げたマギルクリストは、右脳は身体や外界と直接関係をもつため、私たちのすべての行動の仲介役を果たしていると結論づけている。

右脳は広い世界を感覚的に捉えて、左脳が分析を行えるように情報を伝える。それを受けた左脳は、分析を行い、その結果を右脳に送り返す。

それによって、私たちは幅広い包括的な認識で、最も適した対処法を判断することができるという。

マギルクリストは、左脳が支配権を奪っている現状を賢い王の昔話にたとえている。王は伝統に従って、年に1回、王国内をくまなく歩いて見回っていた。だが、王国が拡大するにつれて、もはや国中を歩くことができなくなった。そのため、自分を助けてくれる家来をひとり選んで訓練し、国内を視察させ、問題を処理させ、報告させることにした。ところが、やがて家来は思い上がって勝手な行動を取り、王の地位を乗っ取ろうと考えるようになった。

同様に、左脳は私たちとその行動すべてを支配するために右脳を乗っ取った。だが、左脳の視点は非常に限られた狭いものだった。

その結果、左脳は右脳とフィードバックを共有できなくなり、その断絶が、私たちが現在置かれている「不在（アブセンス）の文化」の中心的な柱となっている。

マギルクリストは続けてこう書いている。

「確かに、左脳は驚くほど自信に満ち溢れている。この状況を自覚すれば、手遅れになる前に軌道修正できるかもしれない。私はそう願っている」

このように行動モードと存在モードの根本的にアンバランスな状態が、危険なほどに非人間的で、断片化された現実を生み出している。つながりを失った、空虚な現実である。

そんな現実に直面すると、私たちはしばしば、拠り所とつながりを失った痛みをごまかすために、莫大な権力やお金や財産を求めてしまう。

癒し手としてのリーダーとは、存在モードと行動モードを積極的に統合し、脳全体、理性、身体、心をひとつの調和した統一体にまとめ上げるリーダーだ。

そうしたリーダーは、存在モードに深く根差したオペレーティング・システムのようなものを内面にもち、それを体現している。だから、彼らの行動は、状況のニーズに即した対応として現れる。

癒し手としてのリーダーは、複雑化する困難な時代の舵取りに適した行動を取ることができるのだ。

CEOを務めるクライアントからのメモ

私はいつも、自分は場の空気を読んで人の気持ちを理解するのが得意だと思っていた。でもいまは、自分のやり方はあくまで知的な認知処理といえるもので、不完全だったと自覚している。それに気づいてからは、人を意識的に分析して理解するのではなく、人が何を必要としているかをもっと深く感じ取る方法を学んできた。

ある状況で何が起きているのか、何が必要とされているのか。じつはシグナルを受け取っても、それを理解できないことがある。でも続けていくうちに、そのときは理由がわからなくても、数日経ってから、自分のやり方がまさしく必要だったとわかるようになる。

おかげで人とつながりを築き、人が何を必要としているかを感じ取り、組織としてともに歩んでいくにはどう動けばよいかを直感的に理解できるようになった。

物事を頭で処理しているとき、私たちはすべてがパズルのピースかチェスの駒であるかのように「解き明かす」ことに懸命になっている。うまくやり遂げようと、あらゆる変化に目を配っているが、実際は多くを見落としている。

じつは、深い知性のすべては、私たちの身体と意識のなかにある。そこにどうアクセスするか、私たちは学ぶことができる。

現在の私の重要な役割は、かすかな変化も含めて、すべてのシグナルとメッセージに心を開いていることだ。そうすれば、チーム全員のニーズを理解し、私たちが奉仕する広い社会とつながることができるはずだ。

統合のためのトレーニング

存在モードと行動モードを統合し、その状態を安定させるためには、トレーニングが必要だ。習得を目指して前に進んでほしい。

トレーニングをするうちに、あなたは多くの先人たちと同様、これまでよりも効率的に、細かいところに気を配って、日々を過ごせるようになるだろう。より少ない時間で、より簡単に、より多くのことを達成できる日が増えていくはずだ。

・最もシンプルで強力なツールは注意力

注意力を意識的かつ意図的に働かせることを学ぶと、存在モードに立ち戻るきっかけとなる。注意を払うという行為そのものによって、私たちは自然に、無理なく、自分自身の深い中心部へと立ち戻り、右脳を再び目覚めさせ、バランスを取り戻すことができるのだ。

うれしいことに、注意力は筋肉と似ている。使えば使うほど、強くなる。

また、多くの文化が何千年にもわたって、瞑想やマインドフルネスといった、認知力や注意力を鍛えて強化するためのトレーニング方法をつくり出してきたのもありがたい。

こうした方法には、確かに効果があることが明らかになっている。これらはいまや刑務所のほか、学校で暴力などの行動上の問題を抱える生徒に対しても効果的に利用されている。また、世界中の多くの組織が現在、社員向けにこれらの方法を取り入れている（このテーマについては、CHAPTER5で詳しく説明する）。

次に紹介する簡単なトレーニングを試してほしい。

ほんの数分しかかからないが、自分の身体や周りの環境に注意を払えるようになるだろう。トレーニングを終えて、それに従って1日を過ごせば、癒し手としてのリーダー像に近づき、それを自分のなかに定着させるための重要な入り口に立てる。

簡単そうに見えるかもしれないが、これを新たな習慣として取り入れるのはなかなか難しい。忘れないための方法を何か取り入れるといいだろう。

目で見てわかるようにオフィスの机にメモを貼ったり、携帯電話やパソコンのカレンダーに時刻を決めてリマインダーを設定したり、ポケットに思い出すための何かを入れておくなど、いろいろな方法がある。

身体に働きかけるマインドフルネスの実践法

まず、ゆったりと椅子に座って、目を閉じるか、目を開いたまま焦点を合わせずにぼんやり遠くを見てほしい。

座ったまま、自分で片手の甲をつねってみよう。軽くつねっても、強くつねってもいいが、感覚をはっきりと感じるくらいしっかりつねってほしい。

そして、感覚に意識を向ける。


どこに感じるか？

つねっている場所だけか、もっと広い範囲で感じるか？

火照《ほて》った感じか、冷たい感じか？

息を吸ったり吐いたりすると、感覚は変化するか？

それらを感じてほしい。

つねるのをやめてみよう。

すぐに痛みがひいた感覚があるか？

ヒリヒリした痛みを感じるか？

しびれたような感覚はあるか？

そうした感覚の変化に気づいてほしい。

これであなたの注意力は活性化されたはずだ。


今度は、呼吸に意識を向けてみよう。

息を吸ったり吐いたりすると、どんな感覚があるか？

身体のどの部分が動くか？

呼吸をどこで感じるか？

息を吸ってから吐くまでに、どんな感覚の変化があるか？

次第にかすかな感覚に気づくようになるだろう。


次に、意識を向ける先を身体と椅子が接触している部分まで下ろしてみよう。

座っている感覚すべてをただ意識してほしいのだ。

さらに、脚のほうにゆっくりと意識を向けて、徐々に足とつま先の感覚に意識を集中させる。足の裏と床が接触していることも感じてほしい。

そして、再び呼吸に意識を戻すのだ。今度は、音にそっと意識を向けてみよう。耳を澄まして聞こうとするのではなく、ただ聞こえてくる音を感じ取ろう。

何が聞こえるだろうか？

あなたの意識に浮かんでくる音に耳を傾けてほしい。

最初は気づかなかったかすかな音を感じ取れるかどうか、確かめてみよう。

音に集中しながら、再び呼吸に意識を向けよう。

自分の感覚と、それが外界の刺激にどう反応しているかを意識しながら、身体に注意を向けてほしい。

自分の内面と外の世界に同時に注意を向けるのだ。


数分後、そろそろトレーニングも終わりだ。

目を開けてからも、内面に注意を向け続けることを想像してほしい。

心の準備ができたら、目を開けよう。

1日を過ごすなかで、トレーニングと同じように自分を開いて、感覚を意識し続けてみよう。その日の仕事を進めながら、呼吸に意識を向け続けてみよう。


こうして、意識のごく一部を常に自分自身に向けておくのだ。

そうすれば、あなたはいつでもそこに戻ってくることができる。

注意が散漫になっていると感じたら、ただ呼吸に意識を戻すだけでいいのだ。

CHAPTER 2

感情を受け入れる

自らの感情と深く結びついたリーダーがいる会社を想像するときに、自動車業界を思い浮かべる人はおそらくいないだろう。

自動車の設計や製造、マーケティングは非常に複雑かつ技術的で、しかも自動車業界のリーダーには技術者上がりの人が多い。

だが、一見そういうリーダーがいそうにない場所でも、存在モードで人々を率いるために必要な、感情の気づきや他者とのつながりが花開くことがある。

私はアメリカのある大手自動車メーカーの経営陣と仕事をしたときに、それを目の当たりにした。その会社は、急激に変化する競争環境に必死に対応しようとしていた。理性的な議論や討論が交わされたが、その水面下には、将来への大きな不安や、恐怖さえあるのは明らかだった。

少しのあいだ、認知力のトレーニングのようなものをしたあとで、私は参加者をいくつかの少人数のグループに分けて、感情に注目するよう促した。

つまり、自分たちがどんな恐怖をどのくらい感じているかを語り合うように促したのだ。

最初は、(当然ながら) どのグループもどうすればよいかわからず困っていた。

だが、やがて参加者たちは進んで話し合うようになり、その場の空気が明らかに変わっていった。人々が心理的な抵抗を感じることなく、心を開いて、ただ互いの存在を意識したときには、いつもそういうことが起きる。

あとから話を聞くと、参加者たちは、自分の弱みをさらけ出すような事柄について互いに本音で話し合うことで、いかに安心と絆を感じたかを打ち明けてくれた。

話し合いを進めるうちに、組織が当時直面していた差し迫った課題について、みなが新しいアイデアや意見を次々と思いつくようになったと指摘した者もいた。

部屋のあちこちで、参加者たちがうなずいていた。

それについて一緒に考えるうちに、私たちはひとつの結論に至った。

リーダーたちは常々、恐怖のような厄介な感情を心から追い払っていたのではなく、単に心のなかに感情を溜め込んでいただけだった。

一方で、リーダーたちの理解力や判断力も深まっていった。

自分の感情を人に打ち明けて、ただ一緒に感情を認め合うことで、創造的なエネルギーとアイデアが新たに流れ始めたのである。

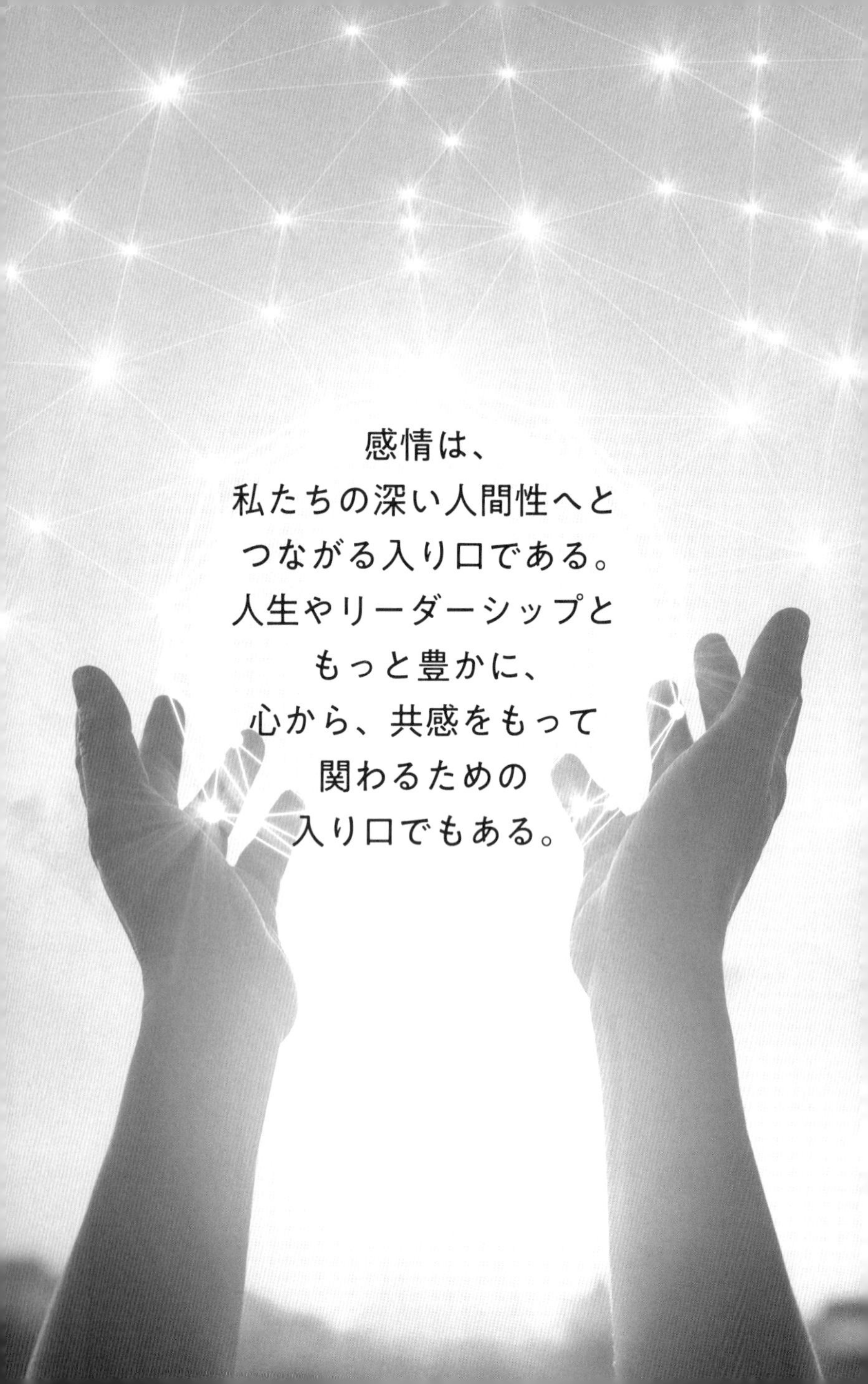

感情は、
私たちの深い人間性へと
つながる入り口である。
人生やリーダーシップと
もっと豊かに、
心から、共感をもって
関わるための
入り口でもある。

感情についての基本的な考え方

感情は、私たちの深い人間性へとつながる入り口である。

感情の状態に意識的につながることで、私たちは、人生やリーダーシップともっと豊かに、心から、共感をもって関わることができる。その結果、エネルギーが高まり、人とのつながりが深まり、それが知覚、洞察力、知見、創造力を高める土台となる。

自分の感情をどう受け入れるか、あるいはたいていの場合、どう受け入れないか？

そうした感情との関わり方は、私たちの文化で分断と断絶が生まれる最大の原因のひとつとなっている。だが、この難問は変化を生み出す絶好の機会でもある。

リーダーは、感情との関わり方と向き合うことで、自分自身や組織に深い存在感と調和をもたらすための重要な変化の道に、足を踏み入れることができるからだ。

あなたは、ニュースを見ながら涙を流したことが最近あっただろうか？

苦しむ人々の衝撃的な映像を見せられたとき、どう反応するだろうか？

湧き上がる感情に向き合わず、映像を単なるデータとして処理しているのではないか？

私たち人類が地球を破壊しているさまを見て胸が張り裂けるような気持ちになったこと、あるいは人間の欲と不注意のせいで多くの生物が絶滅の危機に瀕している事実に愕然としたことが最近あっただろうか？

日々のニュースに心を痛めたり動揺したりすべきだといっているわけではない。むしろ、私たちがいかに感情を失った状態を共有しているか、またそれがいかに普通になってしまったのかに、気づくことが重要だと私は考えている。

このように感情を失った状態が蔓延した結果、私たちの注意力や他者とつながる能力は大きく損なわれてしまった。自分の感情を見つめ、受け入れることができなくなったために、人生そのものから遠ざかり、人間らしい心が徐々に冷え固まってしまった。

そうした心の「不在（アブセンス）」が、私たちの人生を味気ないものとし、リーダーシップの能力を低下させ、さらには文化全体を蝕んでいる。

著作家にして、仏教研究者、環境活動家でもあるジョアンナ・メイシーは、次のように述べている。

「私たちは世界とともに苦しむことができる。それこそが本当の意味での共感だ。そうすれば、全人類と互いに深くつながっていることがわかってくる。アマゾン地方で燃えている森林やロッキー山脈の鉱山から流れ出す汚染水について嘆いていることを決して謝らないでほしい。悲しみや苦痛や怒りを感じていることを謝らないでほしいのだ。

それは、あなたが人間らしい心をもっていて、成熟していることを示す尺度だからだ。いかに心を開いているかを測る尺度でもある。あなたが心を開けば、世界が癒される余地が生まれる。人々が時代の悲しみに誠実に向き合えば、癒しが生まれるのだ」

癒し手としてのリーダーは、身体、理性、心をひとつにまとめることに全力を注ぐリーダーである。CHAPTER1では、基本原則である存在モードと行動モードについて説明した。このCHAPTERでは、感情を取り上げるつもりだ。癒し手としてのリーダーが仕事をするうえで、感情はなくてはならないものだからだ。

マインドセットを書き換える

多くの文化やそのなかの組織では、これまで人間の感情についてふたつの誤った考えが信じられてきた。ひとつは、感情には「ポジティブ」なものと「ネガティブ」なものがあるという考えだ。もうひとつは、感情は人間を弱らせ、予測不能とし、結局のところ生産性を低下させるという考えである。

「自分にとって恐怖は障害になっているか？」と自問自答してみよう。

答えが「イエス」でも、それはあなただけではない。経営幹部が大勢集まった部屋でこの質問を投げかけると、ほぼ全員が「恐怖が障害になっている」と認める。

このような「ネガティブ」な感情にとらわれると、問題解決に必要な大胆な行動を取りにくくなるため、恐怖は封じ込めるか、あるいは振り払うべきだという考えが広く浸透しているからだ。

しかし、これほど真実からかけ離れた話はない。

私たちの問題解決能力を妨げているのは恐怖ではない。

むしろ、「恐怖という感情自体を封じ込める」という行為なのだ。

恐怖を受け入れられるくらい安心して、つまりリラックスして、まずは恐怖という身体的感覚に意識を向けて、それから、恐怖が生み出す思考パターンやストーリーに注意を向けてみよう。

するとほとんどの場合、心が転換し、自分が開かれる瞬間が訪れる。たいていはそれをきっかけに、活力が湧いてくる感覚や落ち着いた気分が身体中に広がるだろう。

行き詰まったような閉塞感とは、正反対の感覚だ。

私たちは感情を抑えることを、最初は幼少期に家庭内で学ぶ。

あなたの家庭では、どんな感情が歓迎されただろう？　あなたが悲しんだり、怖がったり、怒ったりしたときに、家族はそれにどう反応しただろう？　あなたの感情に耳を傾けて、認めてくれただろうか？　それとも、「泣くんじゃない」「そんなに興奮するな」「何も感じるな」と言われただろうか？

私がこれまで出会った多くのシニアリーダーは、どれほどスキルがあり、成功を収め、権力を握っていても、感情的な傷や痛み、恐怖を癒されないまま抱えていた。

その多くは子ども時代に生じたもので、ささいな侮辱のようなものから耐えがたい逆境やトラウマまでさまざまだった。子どもはそうしたあらゆる経験を身体で強く感じるものだ。

心を開いて子どもに寄り添う親や保護者の助けがなければ、子どもの神経では、つらい経験や激しい感情に耐えることはできない。恐怖や痛みを抑えようと、身体の筋肉が緊張し、心拍数が上がって、呼吸が浅くなる。こうした自律神経の生存反応は、ただ前に進むために、身体が厄介な感情を内に封じ込めているために生じるものである。

私たちの多くは、厄介な感情を意識の外にある暗い地下室にしまい込んで、そんな感情は存在しないかのようにただ生き続ける術《すべ》を幼少期に学んだ。

それは生きるために欠かせない仕組みであり、驚くべきことに、私たちはそのやり方を本能的に知っていた。

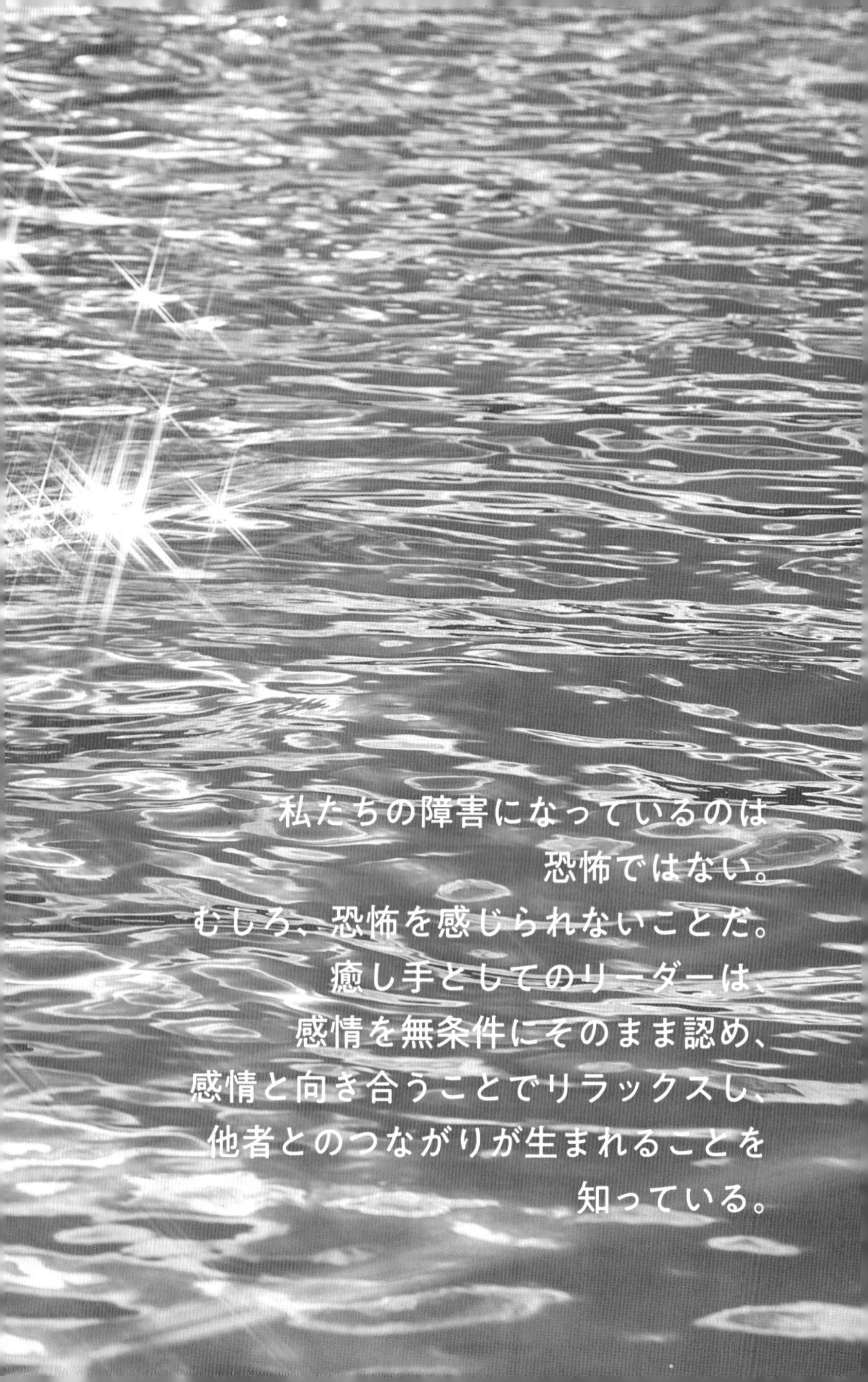

私たちの障害になっているのは
恐怖ではない。
むしろ、恐怖を感じられないことだ。
癒し手としてのリーダーは、
感情を無条件にそのまま認め、
感情と向き合うことでリラックスし、
他者とのつながりが生まれることを
知っている。

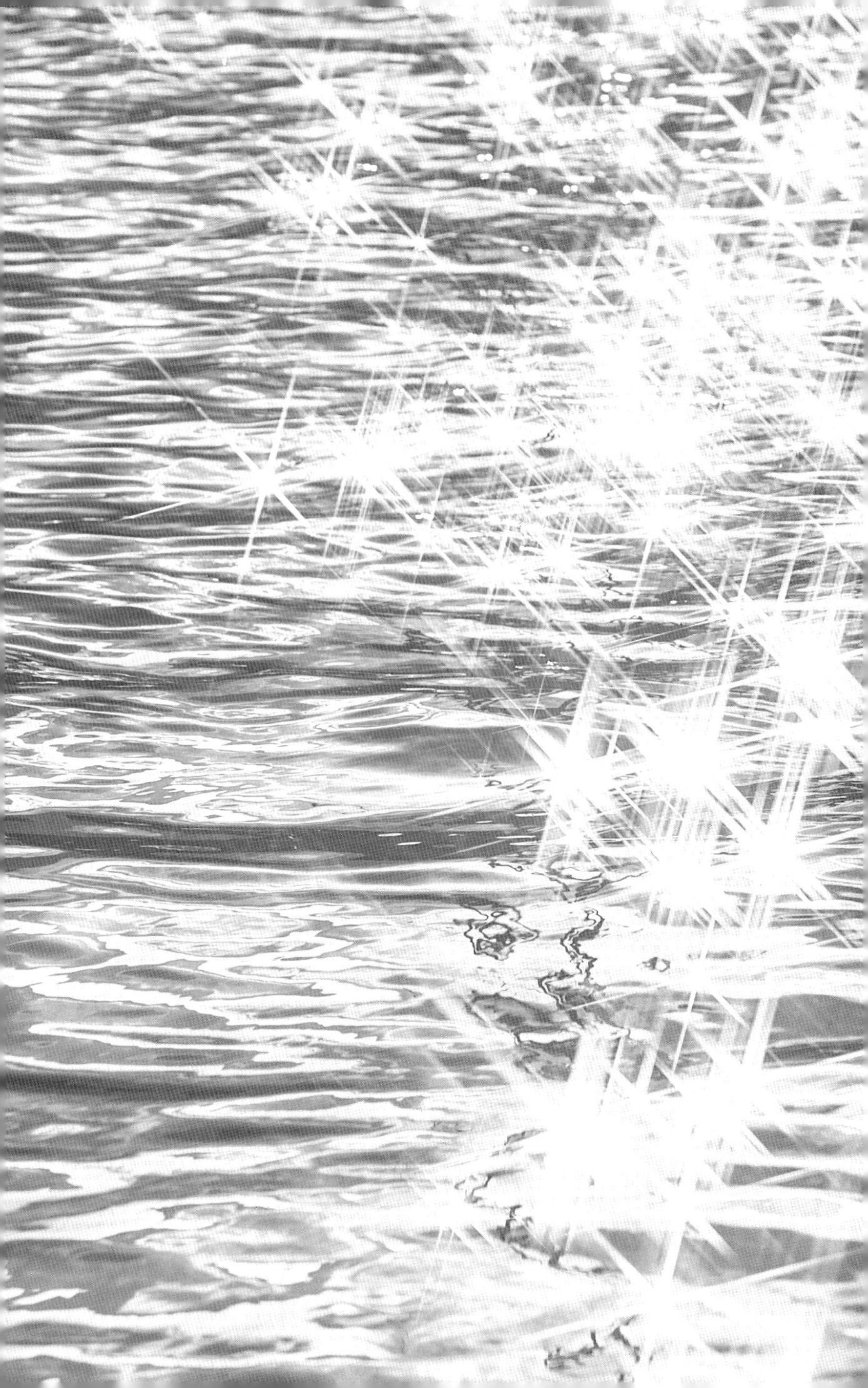

ところが、大人になると、どんなに努力しても、どんなに強く願っても、こうした断片的な経験や痛みを伴う感情を影響のないよう封じ込めたままでいることはできなくなる。内にある凍りついたエネルギーの塊は、姿を現し、私たちの人生に制約を課し、多くの場合、私たちの活力を損ない、他者と関わる能力を低下させ、本当の意味で存在する力を損ねてしまう。

さらに、解消されないまま封じ込められた感情は、物事を批判的に考える能力も狭め、歪めてしまう。まさに、私たちが高く評価している能力を損なってしまうのだ。

感情の排除は、「不在（アブセンス）の文化」の基本的な柱のひとつである。

感情を排した状態が当たり前になっているため、私たちは、それがいかに自分の知覚の幅を狭めているか、また理性的な思考を優先する原因となっているかに気づいていない。

本来、感情を抑えるという行為は、意識的なものでも悪意に基づくものでもない。実際、多くの場合、私たちは誰かに不快な思いや苦痛を与えたくないという見当違いの願いから、感情を抑え込んでしまう。

愛する人が深く悲しんでいたときのことを思い出してほしい。あなたは反射的に、その人のために問題を「解決」しようとするか、あるいはその人の悩みを何とかして「取り除く」

手助けをしようとしただろう。

だがじつは、こうした反応は、あなた自身の居心地の悪さを和らげるためのものだった可能性が高い。自分自身の感情を排除しているかぎり、痛みを抱えた人にただ寄り添い、一緒にいて、その人が自分の経験を十分に感じられる余地をつくるのはとても難しいからだ。

「私はここにいる」と言うだけでいいのだ。

私たちは、干渉せずに共感を示してくれる人の前で、悲しみ、苦痛、恐怖を感じていいと許されると、安心感を覚えるものだ。そして、直面する課題をどのように乗り越えればいいのか、新たな気づきを得られることも多い。

人に話を聞いてもらい、受け止めてもらいたい――。人間は誰もが胎児の頃から死の瞬間まで、そんなシンプルで深い欲求を抱いているのである。

・重要なメッセージ――感情を「取り繕う」のをやめよう

執行者としてのリーダーは、断絶を奨励する。目の前にある仕事を急いで進めるために、感情には目を向けるなと言う。

それに対して、癒し手としてのリーダーは、感情を無条件にそのまま認め、感情と向き合うことで、リラックスし、他者とのつながりが生まれることを知っている。

つまり、錬金術のような深い反応が起きることを知っている。

癒し手としてのリーダーの意識を高めて、精神的に成熟するためには、このような認識が不可欠だ。

心理療法士で詩人のミリアム・グリーンスパンは著書『暗い感情による癒し（*Healing Through the Dark Emotions*）』で、次のように書いている。

「人間の共感力の中心にあるのは心の弱さである。心の弱さは、苦しみだけでなく喜びにとっても、心の痛みだけでなく思いやりにとっても、寂しさだけでなくつながりにとっても重要だ。私たちは最も弱い状態にあるときに、最も生き生きと輝き、存在のすべての側面に開かれた状態になる。弱さのなかにこそ、力があるのだ[12]」

感情という言語に向き合う

ほとんどの人は「どう感じていますか」と尋ねられると、気持ちや感情ではなく、頭で考えていることを答えてしまう。

私たちは習慣的に、自分のありのままの感情を過小評価し、あるいは無視して、すぐに分析や合理的な説明や論理的な思考を始めてしまう。心の底から何かを感じて、それを人に伝える機会を逃してしまうのだ。

こうした行動パターンを認めて、思考と感情の違いをはっきり区別することが重要だ。そのためには、行動のペースを落とすことを学ばなければならない。

さもないと、いつも頭で素早く考えをめぐらすことばかりを優先してしまうからだ。

癒し手としてのリーダーは、感情についての常識を捉え直すことで、感情がいかに遮断されているかを明らかにし、際立たせ、修正する方法を見出そうとする。

感情には、ポジティブもネガティブもないことを理解しているのだ。

すべての感情は、ただ私たちが生まれながらにしてもっている生命エネルギーを表現したものであり、したがって人間の根幹に関わるものである。

だから、感情に関する認識の「修正」は、何かを変えることではなく、何かを感じることで起きる。シンプルでありながら、根本的な変化である。

こうして自分自身に向き合うようになると、誰もがさまざまな方法で、自分のありのままの感情を意識しないよう蓋をしていることに気づくだろう。そうしたやり方が長年にわたって編み出されてきた。必要な自己防衛のための手段だった。

だが、私たちに心の準備ができれば、そうした自己防衛を徐々に解いていくことができるはずだ。そうすれば、まるでＵＳＢコネクターを抜き差ししたかのように、私たちのすべての部分が「オンライン」に戻って機能し始めるだろう。

以前、アメリカで大企業の幹部を務めるクライアントが、「自分がバラバラに分裂しているような気がする」と語ってくれたことがある。

彼は自分自身をさまざまな断片に分割して、その一部、たとえば感情などを「切り捨てる」傾向があることに気づいたという。それは、自分自身を好ましいと思われる型にはめ込むためでもあり、また企業社会でトップの座を手にするためでもあった。

「当時は、それが求められていましたし、求められているように見えたので、万事うまくいっていました」と彼は話す。「でも、成功を収めた末に自分自身のすべての断片を回収できなければ、結局、幸せにはなれないでしょう」

感情の風景を感じ取る

人間には、恐怖、怒り、喜び、悲しみという4つの主要な感情がある。

これらの感情はそれぞれ、画家が利用する色相環《しきそうかん》のように一定の範囲に位置すると考えられ、それぞれがほかの感情と混ざり合って、多くのニュアンスを生み出す。

たとえば、恐怖は小さな不安からむき出しの恐怖まで幅広い。悲しみは、軽い動揺から深い悲しみまでさまざまだ。安心感を抱いて心から感情を覚えると、感情は自分のなかを流れるエネルギーとなって、身体をリラックスさせる。

自分自身の奥深くに根差した存在感を感じて、鋭い考察や創造力を発揮できるチャネルが開かれることも多い。

ところが、感情が封じ込められると、私たちの心は冷え切って、何も感じなくなってしまう。悲しみを感じることができなければ、喜びを感じることもできない。

私たちは感情を抱いて、処理することで、別の段階へと進み、そこで大きな安らぎを感じる。十分に心に触れて、大きな優しさを感じ、心を開いて、自分自身にも他者にも思いやりをもてるようになる。

そして、論理性、判断力、分析力と、身体の感覚や深い感情とが結びつき、物事を処理する帯域が広がることになるのだ。

心のなかに抱えた、隠れた傷に向き合う方法を学ぶためには、内面の転換が必要だ。そのためには、心の奥深くに降りていかなければならない。

先ほど紹介したクライアントは、この作業をヨガにたとえて説明する。

ヨガでは、最初は難しいポーズをいくつも習うが、やがて無理なくポーズが取れるようになる。身体が呼吸を覚えて、滑らかに動くようになる。

ただしその過程では、怪我をして動きにくくなることもあるため、凝りや緊張を見つけてそれに対処できるように、筋肉を根気強く解きほぐす必要がある。

同じことが、感情とのつながりを取り戻す作業にも当てはまる。心に深く植えつけられた、厄介な感情的反応が起きたときは、心の傷を解きほぐして、心の凝りを和らげる必要がある。

この作業は、人間関係がつくり出す、安心できる空間で行わなければならない。

つまり、思いやりのある友人や同僚が与えてくれる環境で、あるいは相手を正したり分析しすぎたりしない、優れた指導者や自分に合ったコーチ、セラピストの助けを借りて行わなければならない。

感情を受け入れるというシンプルな行為が、転機となるような解放感をもたらすことは多い。精神的な成熟を目指し、組織内で心からの感情が生み出す知性を開花させるために全力を注ぐ。それが癒し手としてのリーダーなのだ。

感情に耳を傾けて、感情を受け入れるだけで、問題を「解決」しようと自然に湧き起こる欲求だけではたどり着けない、新しい動きや解決の可能性が開かれる。

私はそんな経験をした人たちの例を何百件も目の当たりにしてきた。

実際たいていの場合、人は誰かに話を聞いてもらい受け止めてもらったと感じると、解決にたどり着くものなのだ。

私はこれまで、多くのシニアリーダーに自分の感情と向き合う場を提供してきた。

彼らがむせび泣いて恐怖や怒りを心から感じるときに、その場にいて、彼らの感情に心を寄せてきた。このような経験は大きな解放をもたらす。そうした解放を経て、人は大きな落ち着きと安らぎを感じる。

「心のままに感じていいと許されるのを何年も待ち望んでいた」と多くの人が語った。

癒し手としてのリーダーは、感情とのつながりを取り戻すことで、思いやりと共感をもって世界の舵取りができるようになる。彼らは自分自身の心にも他者の心にも寄り添い、ますます大きな存在感を放って現れる。

優れたリーダーはみな、一流のスポーツコーチのように、相手に応じて話し方を変えることを自然と理解している。これはリーダーシップの重要な能力だ。

それに対して、力不足のリーダーは、他者に心から寄り添う能力がないため、誰に対しても自分の気分次第で話しかける。自分自身の心に寄り添っていないのに、他者の心に寄り添うことなど、どうしてできるだろうか？


私たちは自分の内面を意識し、心を開くにつれて、相手にどんな感情が生じているかを敏感に感じ取れるようになる。相手の心のなかにある感情の風景を感じると、相手の行動の根本にあるニーズや願望や動機について、多くの情報を受け取れるようになる。

そして、そのとき相手が感じているかもしれないことを繊細かつ正確に表現できれば、「この人は自分を感じてくれている」と相手が感じ、私たち自身もそう感じられる瞬間を共有できるようになる。これまで習慣のように築いてきた仕事上のつながりをはるかに超えた、強い絆で結ばれた関係が生まれる。

相手とのつながりが深まれば、問題に対して、より良い解決方法が見えてくる。

これが、感情の「不在（アブセンス）」を打ち破る方法なのだ。

その過程では、自分の感情を正確に把握することが重要だ。感情を表現するぴったりの言葉が見つかれば、理性、身体、心が強くひとつにまとまっていく。

それらが分裂した状態がいかに当たり前になっているかは、たとえば「私は……と感じます」というシンプルな表現に現れる。じつはこの表現は、感情ではなく思考を表していることが多い。「どう感じていますか」と尋ねられて正確に答えようとすれば、本来は4つの主要な感情のバリエーションや組み合わせで答えなければならない。


どう感じるかと尋ねられたとき、行動のペースを落として注意深く自分の気持ちに意識を向ければ、こんなふうに答えられるはずだ。

「そうですね。なんだか何も感じます。それを意識すると、不安な気持ちになります」

「胃のあたりにストレスを感じます。それを意識すると、不安な気持ちになります」

落ち着きや安らぎを感じることもあれば、強い感情ではなく、自分の存在や人とのつながりを感じることもある。何らかの感情を意識しながらも、霧に包まれたようにはっきりしないこともある。

そして、自分の感情を把握しようと根気強く努力するにつれて、感情を取り繕うのをやめてありのままに存在することがいかに強い力を生み出すかに気づくだろう。

時には、入り混じった感情を抱くかもしれない。あるいは、怒りが悲しみや恐怖を隠しているることがよくあるように、ある感情が別の感情を覆い隠していることに気づくかもしれない。そうした傾向は文化の影響を強く受けている。

男性は怒りを感じることは多いが、その根底にある恐怖や悲しみをなかなか認めることができない。一方、女性はごく当たり前に悲しみを感じることができるが、その裏にある怒りを感じられないことが多い。

このように男女ともに、心の奥にある抑圧された感情のなかに潜む大きな生命エネルギーとパワーの源にアクセスできなくなっている。


私が仕事で関わってきた大勢の女性リーダーたちは、激しい怒りに駆られると自分がいつも泣き出してしまうことに苛立ちを感じていた。

「魅力的な女性は怒らない」という考えが、私たちの文化的条件に深く根づいており、「男らしい男性は泣かないし、恐怖を感じるべきではない」という考えと同様、私たちの行動を制限しているからだ。


感情を言葉で正確に言い表すことの重要性は、発達心理学でも認められている。

幼児がかんしゃくを起して、大人が「XかYを感じているのよね」となだめたとしよう。だが、「X」も「Y」も違っていたとしたら、あるいは気持ちを言い表すのに間違った言葉を使ったとしたら、子どものかんしゃくはエスカレートするばかりだろう。

反対に、愛情深い保護者が子どもの気持ちを言い表す適切な言葉を見つけたら、子どもは、見てくれている、わかってもらっていると感じるだろう。そこに安心感と安らぎが生まれ、かんしゃくが治まっていく。理性、身体、心が調和した状態に落ち着いていく。

組織のリーダーにも、同じことが当てはまる。

癒し手としてのリーダーは、自分の心のなかにある感情の風景と向き合うことを学び、それによって、他者の感情を無条件に受け入れることができるようになる。

大げさなことは何も必要ない。ただ、ありのままの感情を正しく認めるだけでいいのだ。

アメリカで企業の幹部向けに私が研修旅行を開催したときのことだ。ある参加者が「思いついたことがある」と話してくれた。

以前、ある従業員が違法行為に及んでいることが発覚し、警察に通報した出来事を思い出したという。

「警察が朝一番にやって来ました」と彼は語った。「そして、間仕切りのないオフィスで、全員の目の前で、その男に手錠をかけて連行していきました。もちろん、スタッフはショックを受けていました。私は午前中のうちに全員を呼び集めて、警察が来た理由を説明し、仕事を続けるようにと促しました」

ところが、その日もその週のあいだも、スタッフたちは「ある種の放心状態」に陥っていたと彼は言う。

彼がいまになって思うのは、別のやり方を取ったほうがよかったということだ。全員を呼び集めて、こう言うこともできたはずだった。

「長く一緒に働いてきた同僚がこんな罪を犯したことに怒りを感じています。しかも、目の前で彼が逮捕されたことにショックを受けているし、動揺もしています。君たちも同じことを感じているかもしれません。

だから、少し時間を取って、みなが感じているいろいろな気持ちを打ち明けてみましょう。ほんの数分、隣の席の人と向き合って、互いの気持ちを伝え合いましょう」

「そうしていれば、つまり全員が気持ちを打ち明けて共有していれば、パフォーマンスが落ちた状態で何百時間も過ごすことにはならなかったでしょう」と彼は言った。

リーダーが十分に成熟し、心に余裕をもち、スタッフミーティングで少し時間を取って、難しいプロジェクトで感じる不安感といった自分の感情を率直に認めれば、ミーティングの雰囲気は一変する。

リーダーが気持ちを打ち明ければ、同じように感じている参加者全員が自分の気持ちを認めることができるようになる。頭で判断し、過剰な分析をし、大げさな行動を取る必要はない。「感情を取り繕う」必要もない。わずか数分の時間を取るだけで、そのあとに続く戦略的な議論は、ほぼ間違いなくはるかに質の高いものになるだろう。

なぜなら、参加者の「身体」が個人としても集団としても不安との戦いをやめるからだ。

そして重要なのは、次の点だ。それは、感情的に成熟している人は、単に反応を示すのではなく、相手や状況に適した対応を取るということだ。

相手の気持ちを感じて、相手と関係を築くことができるため、相手に合わせた対応を取ることができる。理由はとても単純だ。自分のありのままの感情を無条件に認めて受け入れることで、非難や中傷をしたり、好ましくない感情が爆発したりする可能性を防ぐことができるわけだ。だとしたら、試してみない手はないだろう。

この「スキル」を身につければ、人と人とのつながり、エネルギー、創造的思考が強化された、新しいレベルのチームに必ず変わることができるはずだ。

私のクライアントのひとりに、大規模な組織を率いる最高経営責任者で、いくつかの企業で取締役を務める人物がいる。彼が最近、アメリカのある大手企業の取締役会で経験した出来事を話してくれた。深く心を動かされるやり取りがあったという。

取締役会のメンバーは、全社員の人間性を「輝かせる必要がある」という考えについて議論していた。議論の途中でメンバー全員が涙を流していたと彼は言う。

「そんな取締役会に参加したことはありませんでした」と彼は言った。「一度もありません。それに、きっとフォーチュン500に含まれるどの企業でも、これまでそういう取締役会はなかったと思います！」

しばらくして、彼は次のような連絡をくれた。

「先日、私の会社の取締役会がありました。参加者は全員、いつものように戦略的な計画策定を進めようとしていました。そこで、私は『経営陣のみなさんはいま、どんな気持ちでいますか？』と尋ねたのです。すると、やがてカタルシスを得られる会話が生まれ、まったく異なる何かが開けたのです」

どうか諦めないでほしい。

癒し手としてのリーダーは、詩人のデイヴィッド・ホワイトが言うところの「心の弱さをさらけ出せる強さ」を体現している。つまり、動揺することなく、自分自身の感情とともに完全な状態で存在することができる。

そうしたリーダーが育む組織文化では、感情は、私たち人間が生まれながらにもつ本質的側面として認められる。それに対して、滅びゆくパラダイムでは、心の弱さを決して認めようとせず、隠したり急いで解消したりしようとする。かつての世界観が「強さ」をつくり出そうとして、本当の力や気づきにつながる道を閉ざしていたのは大きな皮肉といえるだろう。よくいわれる強さとは、感情を抑制した状態であり、小さく不安定なアイデンティティの基盤の上に成り立つ一面的なものなのだ。

私はさまざまなリーダーや組織と仕事をするとき、感情の周りに築いてしまった壁を一緒にそっと崩していくことを大事にしている。どんな感情であれ無条件に受け入れて、必要であれば不快感にも向き合う気持ちをリーダーには求めている。

そして、私たちはそれを実践するうちに、真の人間関係が生まれることに気づく。

やがて、基本的なレベルで文化的なコードを書き換え、新しく、創造的で、目的をもったエネルギーを大量に放出することができるようになる。このような変化に真摯に取り組む意欲をもつこと。それがリーダーとしての成熟の本質である。

数年前、私は仕事でイギリスの公務員の最高位である事務次官らと関わったことがある。そのなかで、ある事務次官が興味深いエピソードを語ってくれた。

彼は少し前に夜のニュースのインタビューを受けたとき、数百万ポンド規模の難しいプロジェクトのせいでよく眠れていないと口にしてしまったという。

彼はあとから、「正直に言うべきではなかったかもしれない」と心配になった。

だが、翌朝出勤すると驚いたことに、多くの同僚が、彼が話した内容に感謝しているとわざわざ言いに来てくれた。彼が苦労を率直に語ったことで、同僚たちは自分の不安が正当だと認められたような気になったからだ。

その結果、難しいプロジェクトに誰もが以前よりも大きな充実感とつながりを感じられるようになったという。

別の事務次官のエピソードを紹介しよう。感情を認め合うことによる効果がわかる恰好の事例である。

彼は多額の予算が投じられたやりがいのあるプロジェクトに、新しい大臣と取り組んでいた。ふたりのあいだには常に緊張感が漂い、言い争いも絶えなかった。

ある日、ふたりでロンドンの議事堂近くの川岸を歩いてミーティングに向かっているとき、事務次官は、このプロジェクトのせいで夜よく眠れないとこぼした。

するど大臣は立ち止まって、彼の目を真っすぐ見つめて言った。

「話してくれてとても嬉しいよ。僕もこれほど難しく感じたことはないし、このプロジェクトには常に不安を感じているよ」

このささいなやり取りのおかげで、ふたりの関係は大きく変わった。

「心の弱さ」とは、私たち人間のありのままの基本的な状態だ。それ自体は選べない。

私たちが選択するのは、それを否定するか、受け入れるかのどちらかである。

先に紹介した詩人のデイヴィッド・ホワイトは言う。

「心の弱さといっても、本当に弱いわけではない。心の弱さは、一時的な気の迷いでもなければ、避けられるものでもない。選択の余地はなく、誰にでも備わっている。私たちの心の奥底にいつも存在する、変わることのない、自然な状態なのだ」

ホワイトはさらに次のように言う。

「心の弱さから逃げることとは、私たちの本質から逃げることだ。いつも強い心でいようとするのは、本当の自分ではない何かになろう

「心の弱さ」とは、私たち人間のありのままの基本的な状態だ。
それ自体は選べない。
私たちが選択するのは、それを否定するか、あるいは受け入れて、
それがもたらす深い力とつながりを見出すかのどちらかである。

とする無駄な試みだ。とりわけ、それは他者の悲しみへの理解を閉ざしてしまう。
さらに深刻なのは、自分の心の弱さを否定すると、生きていくあらゆる場面で必要となる助けを求められなくなってしまうことだ。私たちのアイデンティティの基盤は本来、心の対話のように揺れ動くものだが、それを固定化してしまうことにもなる」

「あらゆる出来事や状況に対して、ほんの一時、自分ひとりで何とかできると思うのは、美しく幻想的な特権である。それはおそらく人間の、とりわけ若い人間ならではの美しく組み立てられた最高のうぬぼれである。
だがそれは、同じように若くても、不健康で、事故に遭い、最愛の人を失って、強大な力を行使できなくなると、放棄せざるをえない特権でもある。私たちは息を引き取ろうとするときに、最終的には必ずそうした力を手放すことになる」

ホワイトの言葉は続く。

「私たちが成熟していく過程で唯一選べるのは、自分の心の弱さをどうやって認めるか、そして喪失を受け入れることで、どう大きく、勇敢な、思いやりのある人間になれるかである。
私たちが選べるのは、喪失を経験した寛容な市民として、しっかりと十分に自分の心の弱さを認める生き方か、あるいは逆に、愚痴ばかり言うけちな人間として、気乗りせず、恐怖におびえて、常に存在の門の前にいながら勇気をもってそこに入ろうとせず、自分自身を危険にさらそうとせず、堂々と門を通り抜けようとしない生き方か、そのどちらかである」[13]

読者のみなさんは、特に一対一の場面で同僚の心に寄り添うと、同僚の問題を自分が引き受けることになるのではないかと心配しているかもしれない。

幸いにも、これはそういう目的ではないし、そういう結果にもならない。

癒し手としてのリーダーは、他者の感情を引き受けることはない。

確かに、他者と一緒に仕事をするときに感情をオープンにしていれば、相手とつながり、相手の気持ちをよく理解して、認めることができるようになる。

だが少なくとも、あなたがしっかり自分をもっていれば、それ以上のことは起こらない。相手はあなたが自分の気持ちをわかってくれると感じ、あなたは相手の気持ちに共感を示して受け入れる。ただそれだけが、エネルギーの滞りを解消し、自分たちで問題の解決策を見つけるために必要なのだ。

結局のところ、ブレネー・ブラウンが著書『勇気あるリーダーになる（*Dare to Lead*）』のなかで述べているように、「リーダーは、恐怖やさまざまな感情に寄り添うために相応の時間をかけるか、あるいは不毛で非生産的な行動に対処しようと無駄な時間を浪費するか、そのどちらかをせざるをえない」[14]

感情の世界に意識を向けて、感情の世界を大事にすること。それが、癒し手としてのリーダーの仕事の深い部分にある、最も重要な要素なのだ。

感情を受け入れることで、エネルギーが自由に流れ、つながりが自由に生まれる組織文化をともにつくり上げることができるようになる。そして、高いレベルの潜在能力、知見、創造力を喚起し、それらを生かせるようになるはずだ。

集団的な、世代を超えて引き継がれる傷跡を追う

集団的トラウマ[15]や世代を超えて引き継がれる傷というテーマは、ここで掘り下げることができないくらい、はるかに深く、複雑なものだ。

しかし、リーダーが大きな潜在能力を発揮するために努力したいと願うなら、それらについて、少なくともある程度は知っておいたほうがいいだろう。

私たちが癒されないまま抱える傷のなかには、生まれるずっと前に端を発するものもあれば、私たちを取り巻く、大きな歴史や文化的状況を通じてもたらされたものもある。

過去の自然災害、社会紛争、犯罪、構造的な不平等、あるいは精神的ショックを受けるような被害の蔓延、つまり人間同士の非人道的な行為に根差してトラウマが生まれ、それが解決されていないのかもしれない。

原因が何であれ、人間の苦しみの痕跡は、私たちが思っている以上に、何らかの形で、現在の私たち全員に影響を与えていることが多い。

集団的トラウマの影響については、科学界全体で研究が進められているが、特にエピジェネティクス（後成遺伝学）の分野では、新たに驚くべき研究が発表されている。

簡単にいうと、エピジェネティクスとは、遺伝子コード自体は変化しないことを理解しつつ、遺伝子発現が特定の外部効果によってどのように変化するかを研究する学問である。

たとえば、大きなストレスや病気は、特定の遺伝子の発現を抑制したり、「停止」させたりする場合もあれば、別の遺伝子の発現を「開始」させる場合もある。

チューリッヒ大学のエピジェネティクスを専門とする研究者らは、ストレスや不幸な経験が与える影響をマウスで研究している。

この研究では、オスのマウスが受けたショックな出来事や苦悩の影響が（精液で運ばれる）DNAのエピジェネティックマーカーを通じて、世代を超えて子孫に伝えられることが明らかになった。それは、そのオスがのちに、子孫と社会的交流などの接触をもたなかった場合でも同様である。

このストレスに関するエピジェネティックマーカーの影響は、（子孫にあたるマウスが不幸な、ストレスの多い環境下に置かれていないにもかかわらず）４世代ものマウスで観察された。それは表向きは、興奮、不安、恐怖といった行動特性に現れていた[16]。

これは人間にも当てはまることがわかっている。

たとえば、ホロコーストの生存者とその子孫を対象とした研究では、トラウマには世代を超えて伝わる性質があることが何度も明らかになっている[17]。

トラウマの重みに耐えなければならないのは、トラウマを直接経験した者だけではない。そのトラウマが家族やコミュニティのなかでまったく話題にのぼらない場合でも、子どもや孫たちに、先祖が受けたトラウマの影響が現れることが多い。

じつは、沈黙は多くの点でトラウマを増幅させる。

歴史的トラウマに耐えた（しかし、それが癒えなかった）コミュニティでは、さまざまな病気の罹患率が高くなり、若くして亡くなったり精神疾患や中毒になったりといった社会問題が頻繁に見られる。

これらは、癒されない苦しみが歴史的に、世代を超えて引き継がれた場合に現れる多くの影響のほんの一部といえる。

トラウマがあとに残す複雑な感情や行動のパターンを理解するためには、その人の経歴に現れないものに目を向けなければならない。

あるいは、考えを広げて、経歴は決して完全に個人的なものではなく、文化のなかで共有され、文化の影響を受けることを理解しなければならない。

個人の人生は必ず、その人の家族やコミュニティにおける社会的・文化的な経験によって形づくられ、それらの影響を受ける。それは明らかだ。

要するに、過去から引き継がれる、調和を欠いた不健全なパターンは、それが十分に意識され、癒される余地が生まれるまでは、たとえ無意識であっても、私たちの人生のなかで繰り返されるということだ。

私たちの先祖が生きているあいだに解決できなかった心の痛みや傷は、すべて私たちに遺《のこ》される。

あるクライアントが以前、「心の傷は、誰かがそれを感じる用意ができるまでは、世代を超えて引き継がれる」と語っていた。

だからこそ、身体の感覚や感情に無条件に寄り添うことが非常に重要なのだ。

そうすることで、私たちは過去から伝わる凍りついた傷跡を溶かし、「心の不在（アブセンス）」から脱却し、ありのままに存在することができるようになるだろう。

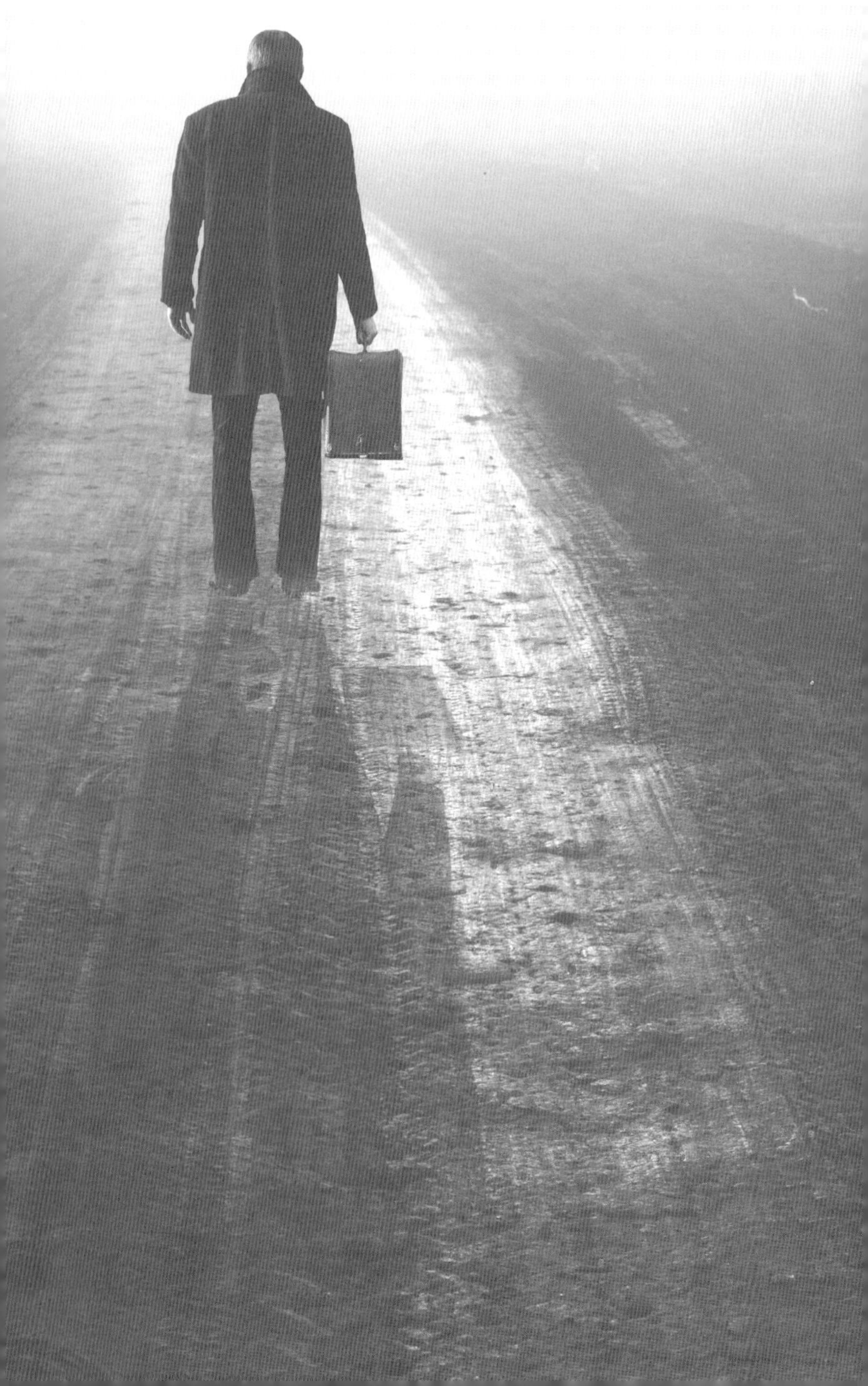

心の傷は、
誰かがそれを感じる用意ができるまでは、
世代を超えて引き継がれる。

感情に関するトレーニング

以下で、自分のなかの感情を素直に見つめ直すトレーニング法をいくつか紹介しよう。私たちが心の在り方を変えて自分自身や他者に深く寄り添う姿勢を取るために、つまり癒し手としてのリーダーの基本的な能力を伸ばしていくために、それらが役立つはずである。

感情とのつながりを取り戻すための問いかけ

あなたは、恐怖、怒り、喜び、悲しみという4つの主要な感情とどんな関係にあるだろうか？　以下の文脈で考えてみよう。

- ひとりでいるとき、あなたのなかにはどんな感情があるか？（すべてを感じるか、いずれかを感じるか、何も感じないか）
- これらのうちどんな感情を人に見せているか？　どんな感情を人に隠しているか？
- 相手がこれらの感情を表に出しているとき、その人に対してどう対応しているか？　状況を変えようとするか？　それとも、そうした感情を前にしても、心を開いて相手に寄り添うことができるか？
- あなたは人と親しい関係を結ぶことができるか？　そうした自分の能力をどのように表現するか？　人とどれくらい距離を置くか、あるいは人とどれだけ親しく付き合うか？
- 人の心の動きをどれくらい感じられるか？　人が抱いている感情をどれくらい敏感に感じ取れるか？

感情の容量を増やすための方法

生活のなかの感情的側面にもっと注意を払うようにしよう。

- 感情日記をつけて、特に苦労やストレスがあった場合などさまざまな状況で、自分がどのように感じたかを観察して書き留めてみよう（たとえば、あなたは取締役会でどのように感じたか？　会議のなかでその感情はどのように変化していったか？）
- 互いの感情に真摯に寄り添い合える人、感情を取り繕う必要がないという考えを共有できる人を少なくともひとりかふたり見つけよう。
- 日頃からその人と直接、あるいはビデオ通話で交流しよう
- 最近、難しいと感じている状況や人間関係を何かひとつ選んでほしい。個人的なものでも仕事関係のものでもいい。そしてそれについて、互いに相手の話に無条件に耳を傾ける傾聴の場をつくり、互いの複雑な感情を表現できるようにしよう

- 行動のペースを落とし、頭で考えるばかりで心で感じることから逃げるのをやめるために互いに助け合おう
- 相手が「自分の気持ちがわからない」「何も感じられない」と言う場合は、ただそれを尊重しよう

時には、カフェに座って、そっと周囲を見回してみるのもいい。聞こえてくる会話に耳を傾けるのではなく、目に入る人たちやその人間関係に内在する複雑な感情に心を寄せる能力を鍛えてみよう。

人間同士のやり取りの水面下には、人間らしいさまざまな感情がある。彼らが不安、悲しみ、苛立ちを抱いているのか、あるいは感情を失ってしまっているのか、意識を向けてみてほしい。

CHAPTER 3

身体という実体がもつ力

２０１９年、私がリーダーを対象とした研修プログラムを開催したとき、2日目にサウジアラビアのある企業の幹部が休憩時間に話しかけてきた。

「ここ数カ月、太りすぎなのか、いつも体調が悪かったんです。それが昨日、ここで身体とのつながりを取り戻すトレーニングをしてから、何かが変わったような気がしています。

今朝はいつものように朝の祈りをしました。最初の定位置に立ったとき、自分の身体がはっきりと感じられたのです。これまでにない経験でした。この場所にいる目的と理由を自分の深いところで感じて、祈りの本質を理解することができました……。

40年間、毎日祈り続けてきたのに初めてのことです！」


驚くべきことに、非常に簡単なトレーニングから深い気づきが生まれることがある。

だが意外なことに、実際にそうしたトレーニングを実践しているリーダーはとても少ない。

先ほど紹介した幹部が行ったトレーニングは、一見ささいなものに見えるが、じつは深い発見とつながりをもたらすことが多い。シンプルだが体系的なプロセスを通じて、自分の呼吸とつながり、身体に落ち着きが生まれるのだ。

さらに、注意力や集中力が高まり、自己の「転換」が起きる。トレーニングを終える頃には、自分の内面に非常に強いつながりを感じて、大きな安心感を覚える人が多い。

このトレーニングを習慣のように繰り返すことで、やがて特定の神経回路が書き換えられていく。時には、サウジアラビアの幹部のように、深い効果がすぐに現れることもある。

身体についての基本的な考え方

身体は、生を実感するための重要な入り口だ。自分のなかに何層にも重なる感覚、情報、内なる知に触れるための管路のようなものでもある。

身体との結びつきが強まると、自分自身のなかに、そして世界のなかに「自分の居場所」を感じて、深い安心感が得られる。

長い年月のあいだに身体とのつながりを完全に失ってしまったとしても、子どもの頃の感覚は覚えているだろう。

当時は、生きることが強烈な一瞬一瞬の身体的な経験だったはずだ。

私たちは大人になるにつれて、身体と分離した感覚を覚えやすくなる。この分離の感覚も、「不在（アブセンス）の文化」のなかで当たり前のように見られる柱のひとつである。

身体の感覚から分離した状態を解離ということもある。

私たちは感情や身体の感覚から解離すると、根本的に自分自身を放棄することになる。

神経系の重要なチャネルが閉ざされ、自分自身のなかの限られた部分にしかアクセスできなくなる。その結果、完全な状態で存在し、他者と向き合うことができなくなってしまう。

しかも、私たちは他者のなかにも同じ分離を感じ取ることができる。たとえば、一緒に仕事をするリーダーが感情や身体の感覚から解離している場合、私たちは本能的に、彼らの存在に不安を覚える。だからこそ、身体とのつながりを回復し、心のなかにある感情を意識したうえで存在し、他者と向き合うことは、癒し手としてのリーダーの仕事の本質といえる。

私たちは誰でも、心と身体が一体化した状態で生まれてくる。それは健全な人間として自然なことである。大人になるにつれて心と身体のあいだに生じる溝は、あとからつくられたものにすぎない。

子どもの頃、あなたはおそらく、もっと身体で世界と関わっていたはずだ。一瞬一瞬を生きて、身体の感覚と感情をすべて感じていた。これが最適で自然な状態である。

とはいえ、身体の感覚や感情との解離が病的といっているわけではない。前のCHAPTERで見たように、つらい経験やトラウマに立ち向かって生きるための賢明な方法として、そうした状態になる場合もある。

私たちは子どもの頃、すぐには処理できない、あるいはしばらく経っても解決できないような経験を数多くする。支えが得られずに孤独を感じたといった一見ささいなものから、ひどい虐待を受けたといったものまで多岐にわたる。

そういうなかで生き抜くには、自分を閉じなければならない。そのために、身体を緊張させて、呼吸を浅くする。

もっと極端な状況では、意識が実質的に、完全に身体から離脱する。

感情のスイッチを切ることで、そうした経験を切り抜けるために必要なエネルギー源や認知能力を温存するのだ。

ところが、そういうつらい経験が処理されず、解決されず、スイッチを切った状態が長いあいだの習慣になってしまうと、私たちは自分自身からも他者からも切り離されてしまう。

そうした身体と心の分離は、家族やコミュニティ、社会によってつくられている。

欧米の教育システムやさまざまな制度のもとでは、論理や理屈が優先され、それをもとに報酬（または罰則）が与えられる。

あなたが学生だったとき、知識と比べて創造性はどれくらい重視されていただろうか？

データと比べて遊びはどれくらい重視されていただろうか？

最近の子どもたちは、事実を暗記し論理的な計算を行う能力ばかりがテストされるようになっている。知識の蓄積を重んじるあまり、身体活動や創造力が求められる活動は軽視され、そうした活動には十分な財源が与えられていない。

このような指導や学習のせいで、私たちは徐々に身体や内なる自己から切り離されてしまう。内面に亀裂が生じてしまうのだ。そうした状況の是正を求める声は大きい。[18]新型コロナウイルスのパンデミックによって、オンラインでの自宅学習が始まり、その後マスクを着用しての授業が行われるようになったが、それはこうした亀裂をさらに悪化させた可能性がある。

私たちは身体を通じて自分自身とつながり、周りの世界とつながっている。身体の感覚によって、物事を確かめ、理解し、生きていると感じている。身体の感覚があるからこそ、周りの世界に多くの情報源を見つけて、情報を解読することができる。

世界のあらゆる土着文化では、人々は身体を通じて、自然と驚くほど豊かなつながりを感じている。それを見れば、私たちが理性を重んじるあまり、いかに多くのものを失ってしまったかがわかるはずだ。

そして、身体はエネルギーを流すパイプのようなものでもある。

それが開かれつながったとき、私たちは自分自身の存在を強く感じることができる。他者を理解し、他者とつながることができるようになる。

感情は、人間の身体をめぐるエネルギーの流れに依存している。

私たちは感情を閉じ込めようとすると、身体を緊張させて感情のエネルギーを遮断し、エネルギーが身体中に流れないようにする。そうすることで、心のなかにあるつながりや流れの感覚を打ち砕き、感情や感覚を意識しないようにする。

反対に、判断や意見を加えることなく感情に身を任せれば、エネルギーが身体中を流れるようになり、大きな活力と生気を感じるようになる。思考もクリアになる。

それが私たちの本来あるべき姿なのだ。

私は仕事で、難しい感情を抱えたクライアントに寄り添ったことが何度もある。

彼らはその後、以前よりも身体（特に脚）を意識するようになり、自分の存在を強く感じて、生きていると感じられるようになったと話す。要するに、感情とつながることで、身体と心が一体化した本来の自分を経験できるようになるのだ。

身体と心は密接に関係している。両者が一体化した状態にあってこそ、私たちは自分自身のなかで、そして世界のなかで、安らぎを感じることができる。

身体は、
生を実感するための重要な入り口だ。
自分のなかに何層にも重なる
感覚、情報、内なる知に触れるための
管路のようなものでもある。

私のクライアントには、私とプログラムに取り組んだことで、自分の考えが間違っていたことに気づいたと話す人が多い。

以前は「場の空気を読む」ことや相手の気持ちを理解することを、もっぱら論理的なプロセスと考えていたという。

だが、常に人を分析するのではなく、自分がもつ感じ取る能力を発揮したほうが、より繊細で、正確な情報が得られることがわかったと語る。

あるＣＥＯは次のように話してくれた。

「ある状況で何が起きているのか、何が必要とされているのか。じつはシグナルを受け取っても、理解できないことがあります。でも続けていくうちに、そのときは理由がわからなくても、数日経つと自分のやり方が必要だったとわかるようになります」

これまでに最もリラックスして、自分の身体を感じた瞬間のことを思い出してみてほしい。呼吸が楽になり、感覚が開き、世界のなかで大きな安心感を覚えたときのことだ。

おそらく、自然のなかにいるとき、トレーニングをした直後やスポーツをしているとき、あるいはただリラックスしているときなどに、そういう感覚を覚えたことがあるだろう。

いずれにせよ、その瞬間、あなたは自分に集中し、自分の存在を強く感じて、「安らぎ」を感じたはずだ。

ヨガや気功や武道のトレーニングをしている人は、そうした感覚を何度も経験したことがあるだろう。なかでも本当によい講座に参加したあとは、世界が明らかにいつもと違って見え、周りの景色や音、匂いが、鮮明に、生き生きとしているように感じられる。

アメリカの仏教学者のレジナルド・レイは著書『悟りに触れる（*Touching Enlightenment*）』のなかで、次のように述べている。

「世界を感覚で捉えて、心で感じて、頭で理解するための基本的な方法として、人間は肉体に宿っている。それがわかると、私たち人間は、万物と密接な関係とつながりをもった状態にあることに気づくようになる[19]」

では、あなたがこのような本来の状態でいるのは、1日を通してどれくらいの時間だろうか？　感覚や感情をもった存在として生きている実感のある時間は、1日のなかでどのくらいだろうか？

この質問をリーダーたちに投げかけると、私はいつも驚いてしまう。平均で5％前後という答えが返ってくるからだ。

癒し手としてのリーダーは、それではいけないとわかっている。そうした異常な状態が当たり前になっていること、そしてそれは変えられること、変えなければならないことを理解している。

■イギリスの主要諜報機関に所属する高官からのフィードバック
――3日間の上級リーダー向け研修旅行に参加して

「私自身にもチームにも多くの変化がありました。なかでも特に実感しているのは、1日を通して感覚や感情をもった本来の自分を感じられる時間が増えたことです。

奇妙に聞こえるかもしれませんが、これがまさに私に『内なる我が家』を与えてくれました。そこでは、大きなエネルギーを感じて、何よりも、はるかに幅広い知覚能力を発揮できるのです。戦略的な思考のレベルも確かに上がりました。そうした思考はいまや、私という人間、あるいは私と思われる人間の中心にあるものではなく、私の一部になったからです」

「なぜ、仕事を始めた頃にそのことを教えられなかったのでしょうか?!」

芸術鑑賞は、身体と心のつながりを思い出させてくれる絶好の機会である。

あるときあなたは、劇場に足を運んでシェイクスピアの『ハムレット』を観劇したけれど、4時間ものあいだひどく退屈してしまったとしよう。

ところが、同じ演目を別の俳優陣が出演する機会にあらためて観ると、すべてのセリフやシーンに心を奪われ、しびれたような感動を覚えることがある。

それはおそらく、その俳優たちが身体と一体化し、演じている役の感情を身体に宿していたからに違いない。俳優たちがステージで表現する演技全体、セリフ、動きが彼ら自身のエネルギーと同調し、だからあなたは心を打たれたのだろう。

ダンサーやミュージシャンも同様だ。歌い手が心から歌詞に共感し、歌を通して人間の真髄や感情を表現しているとしたら、あなたにも違いが感じられるだろう。

心と身体を一体化する能力は、あらゆる演者にとって最大の資質のひとつであり、誰もが本能的に強く求めているものなのだ。

アメリカのロック歌手のジョーン・オズボーンは、次のように語っている。

「ステージに立つと、鳥肌が立つことがよくあります。ただ呼吸をすること自体に喜びを感じるようになり、突然、歌うことがまったく苦にならなくなります。

それを肌で感じて、全身でも感じます。そういうことがよくあります。個人的なことではありますが、自分が何か大きなものの一部になっているような気がするのです」[20]

癒し手としてのリーダーは、身体とのつながりを取り戻すことを大事にする。

心と身体が一体化することで、生きている実感が湧き起こり、他者に向き合う余裕が生まれ、世界とのつながりを再確認できることを理解しているからだ。

心と身体が一体化すると、自己にしっかり根差した存在感、つまり「ここにいて、いつもあなたと向き合っている」という状態が生まれる。他者はそれを感じ取ることができる。

だからこそ、存在感が共有され、つながりが深まるのだ。

それに加えて、心と身体が一体化すると感覚が鋭くなる。かすかなシグナルや兆候を捉えることができるようになるため、直感力が高まる。

すると、理性と感情を調和させられるようになり、より高いレベルの意識が育まれ、さまざまなチャンスや困難に賢明な対応を取ることができるようになる。

理性的な思考だけでは
もはや不十分だ。
私たちは身体がもつ
深い知恵を忘れてしまった。
いまこそ、
それを取り戻すべきときなのだ。

簡単なことでも、すぐに変化が現れることがある

私のよき友人に、国際的な賞を多数獲得し、ノーベル平和賞に3回ノミネートされた女性がいる。

私は以前、彼女の内面の動きを理解したくて、難しい局面にどのように取り組んでいるのかと尋ねたことがある。すると驚くことに、彼女はこう答えた。

「瞑想をして心を落ち着かせているの。意識をゆっくりと丁寧に子宮のあたりに下ろしていくと、すぐにいい考えが浮かんでくるものよ」

彼女の話には、重要な教訓がある。

それは、ますます複雑化し、不確実さを増す世界で成功しようとするなら、自分自身のすべてを注いで問題解決にあたらなければならないということだ。そのためには、身体、心、理性を一体化し、ひとつの調和した統一体として存在しなければならない。

理性的な思考だけではもはや不十分だ。私たちは身体がもつ深い知恵を忘れてしまった。いまこそ、それを取り戻すべきときなのだ。

ドバイのあるCEOがプログラムの2日目の冒頭に、心と身体が一体になった自身の経験を参加者全員に話してくれた。

「昨夜、ホテルの部屋にいるとき、会長から電話がかかってきました。会長とは緊迫した関係にあって、しばしば険悪になります。私は昨日の仕事を思い出しながら、何度か深呼吸をして、身体のなかでしっかりと自分自身を落ち着かせました。その結果、どうなったと思いますか？　これまでで最高の会話ができたのです」

そう、とても簡単なことなのだ。ズーム会議の前にいつも試してほしい。すぐに自分の状態に変化が現れ、よりよい貢献ができるようになるはずだ。

またあるとき私は、毎日少なくとも6時間は執筆に励んで12冊の小説をヒットさせた作家に、高い創造性を発揮できる「ゾーン」の状態で執筆できているとどうやってわかるのかと尋ねたことがある。彼はしばらく考えてから、こう言った。

「呼吸が変わりますから……」

私は長年にわたって、多くのシニアリーダーに対しても、重要な決断をどのように下しているかと尋ねてきた。それに対して、90％以上のリーダーが、手に入るあらゆるデータを慎重に分析したうえで、あとは「直感」に従うと答えている。

直感とは、身体の「知っているという感覚」、つまり本能をいう場合に使われる言葉である。理性と感覚（行動モードと存在モード）が一体化すると、私たちは、バランスの取れた高い処理能力を発揮できるようになる。

癒し手としてのリーダーの本質は、すべてを完全に統合した人間として、理性と本能、論理と感覚、受容性と主体性のバランスが取れることだ。

自分自身のためにも他者のためにも、自己にしっかり根差した存在感をもって寄り添える人。それが癒し手としてのリーダーである。

CEOを務めるクライアントからのメモ
——身体という実体がもつ力に目覚めたプロセスについて

以前は夜に家に帰ると、心のなかに反響音とかすかな地震のような震動を感じていた。おそらく心に正面から向き合えていないのが原因だったのだろう。行き詰まりのようなものがあったが、自分ではそれに気づいてさえいなかった。

そんな状態が5年も10年も続くと、自分が何をしているのかさえわからなくなってしまう。心と身体が分離してしまっているのだ。原因は、知能にしかアクセスできなくなり、それ以外のほとんどの能力が低下して、処理能力として利用できなくなってしまったことにある。

ニコラスと仕事をするようになって最初の数カ月のことは、いまでも覚えている。背筋がゾクゾクするような感覚に襲われるようになったのだ。

それはごく普通の反応ともいえる。誰かと会話をしているとき、あるいは何かを耳にしたとき、背筋がゾクゾクしたことはおそらく誰にでもあるだろう。

だが、私はそれまでのおそらく数十年のあいだ、何に対してもそのような反応を経験したことがなかった。

本来、世界をどう見るか、世界をどう渡っていくかについて重要なことを教えてくれるのは、生まれもった原始的な能力である。

私たちはいまや、そうした能力なしでは生きていけないことを理解している。

それなのに、心と身体があまりにも分離していたため、私は自分の身体がそういう反応を示すことさえ忘れていた。


すべての物事を頭で処理していると、私たちはすべてをパズルのピースかチェスの試合のように解き明かそうとしてしまう。うまくやり遂げようと、あらゆる変化に目を配ることになる。

それなのに、身体も心も生まれもった原始的な能力への扉を閉ざしているせいで、多くを見落としてしまうのだ。

身体を意識しつつ健康を保つ

心と身体が分離すると、身体のさまざまな部分にも悪影響が見られるようになる。
理性的な思考に支配されると、上の図のような正しい姿勢を取れなくなり……

下の図のような
悪い姿勢が
習慣化してしまう

じつは、心と身体が分離すると、身体の痛みや慢性的な健康問題が生じることがある。以下にいくつか例をあげよう。

・関節の痛み

悪い姿勢が習慣化すると、膝のような傷つきやすい部分に負担がかかるなど、重要な関節に異常が生じる場合がある。長期的には、圧迫されて関節が傷つき、痛みが生じ、関節炎のような問題が悪化する恐れがある。[21]

・背中の痛み

姿勢の悪さが引き起こす最も一般的な症状のひとつは、背骨の圧迫による慢性的な背中の痛みだ。時間とともに、それが椎間板《ついかんばん》変性症を引き起こす可能性がある。そうなると、脊椎《せきつい》のあいだにある重要な椎間板が負担で摩耗し、炎症を起こして痛みを伴うようになる。

・血行不良

一日中、机で前かがみの姿勢を取っていると、血液が体内をスムーズに循環することができなくなる。やがて、これが原因で静脈瘤やクモ状静脈（膨れて、紫がかった青色の静脈）を発症し、痛みを伴って見た目も悪くなることがある。[22]

・神経圧迫

悪い姿勢を続けていると、骨格系がわずかに変化したり、背骨の位置にズレが生じたりする。その結果、神経が圧迫され、背中、腕、脚、指、つま先など、身体のあちこちにしびれや痛みが生じることがある。

・消化不良

猫背になると、内臓が圧迫され、内臓の働きに影響が出る。短期的には便秘につながる可能性があるが、長期的に悪い姿勢が続くと、代謝に悪影響を与え、代謝を変化させ、それが元に戻らないこともある。[23]

・疲労

身体は自然な姿勢でいるとき、直立姿勢を維持するために要するエネルギーが最も少なくなる。反対に姿勢が悪くなると、本来耐えられない部分に緊張が生じ、身体に余分な負担がかかり、その過程で疲労や消耗を感じてしまう。

私が身体という実体がもつ力に初めて目覚めたのは、ポーランドの偉大な舞台演出家イェジー・グロトフスキとの出会いがきっかけだった。

彼は、俳優が自分の身体を完全に解放し、子どものようにすべての内面的な衝動、感情、思考またはイメージをただひたすら身体を通じて表現し、可視化するという演出手法を打ち出した先駆者である。

その過激なアイデアは演劇界に大きな影響を与え、彼の作品は世界中で称賛された。

私は1977年にポーランドを訪れた。その頃には、グロトフスキはすでに舞台演出をやめて、人間の可能性について純粋な研究を始めていた。

私たちは少人数でヴロツワフ郊外の森で過ごし、そこで過激で実験的な訓練に参加した。何時間も自然のなかで過ごすのだ。

話すことといえば、訓練に必要な内容だけで、昼も夜もほとんど眠ることなく一緒に歩いたり走ったりした。凍えるような冬だったが、コートや手袋などの防寒着の着用は許されなかった。

だが苦痛と困難のなかに、強烈な肉体的活力とつながりを感じる忘れられない瞬間があった。大地や木々と完全にひとつになった経験は、いまでも直感的な記憶として私のなかに残っている。

私はその後もスイスの関連の劇団で3年間、グロトフスキの手法の訓練を受けてからイギリスに戻り、20年以上ものあいだ演出家として演技指導に携わっている。

私が英国王立演劇アカデミーをはじめとする演劇学校で教えた多くの俳優にとって、身体と内面の完全な統合を作品の中心に置く手法は、刺激的な驚きだったようだ。

私は長年にわたって、ヨガ、ハワイのカフナ（訳注：ハワイ先住民の伝統的社会で神々と人間を取りもつ神官。技能をマスターした専門家も意味する）のマッサージ、ランニング、サイクリング、さまざまな武道に取り組んできた。

ここ2年間はほぼ毎日、早朝に45分間、古代から伝わる気功を続けている。

おかげで一日中、自分の深い部分で心と身体が一体化する感覚を味わっており、それが身体の鋭い感覚能力を解放し、安定させている。

身体に関するトレーニング

では、身体とのつながりを取り戻し、健康を維持するためにはどうすればいいのだろうか？　意識的に没頭して身体を動かすことが、その鍵となるのは驚くにはあたらない。高いパフォーマンスを発揮する人々は、熱心に運動に取り組んでいることが多く、彼らのほとんどは、身体を動かしているときがいちばん考えがまとまる、よいアイデアが浮かぶと言う。

癒し手としてのリーダーは、身体とのつながりを取り戻すための総合的なアプローチの一環として、身体活動を取り入れ、定期的にストレッチや運動に取り組んでいる。

俳優のアーノルド・シュワルツェネッガーはかつて、「意識して伸ばした筋肉は、機械的な運動よりも100倍価値がある」と語っている。

しかし、だからといって、漠然とした世界で複雑な組織のリーダーを務めながら、ランニングを始めたり、ジムでバーベルを持ち上げたり、トライアスロンの選手になったりしろというわけではない。

身体とのつながりを取り戻すための方法はたくさんある。ほんの小さな努力でも、週に3、

4回ほどずっと続けていれば、大きな変化をもたらすだろう。

周りに注意を払いながら自然のなかを歩くといった単純なことでも、我に返ったような気分になることがある。


また、意識的な呼吸によっても自分自身を取り戻すことができる。

CHAPTER1で行った呼吸に集中するトレーニングを思い出してほしい。おそらく最初は呼吸が浅く、もっぱら胸で呼吸をしていたのが、やがて息を吸ったり吐いたりするたびに呼吸が深くなり、お腹が膨らんだりへこんだりすることに気がつくだろう。

そんな簡単なトレーニングでも、身体と一体化した感覚がよみがえり、思考がクリアになり、実体をもった自己を深く感じられるようになる。

そして、これが1日を通してすべての瞬間を変える訓練になる。


比較宗教学と比較神話学の研究者ジョーゼフ・キャンベルは共著『神話の力』(早川書房)のなかで、次のように述べている。

「人々はよく、われわれみんなが探し求めているのは生きることの意味だ、と言いますね。でも、ほんとうに求めているのはそれではないでしょう。人間がほんとうに求めているのは『いま生きているという経験』だと私は思います。純粋に物理的な次元における生命経験が自己の最も内面的な存在ないし実体に共鳴をもたらすことによって、生きている無上の喜びを実感する。それを求めているのです[24]」

東洋には、ヨガや武道のような心身を整える鍛錬法がいくつもある。

それらを学ぶことでも、呼吸が「気（chi または qi）」や「プラーナ」と呼ばれる生命力をもたらすことがわかるだろう。それは「太極拳（Taichi）」や「気功（Qigong）」といった言葉にも反映されている。

これら古代から伝わる鍛錬法では、呼吸がもたらす効用は、食べ物や水よりも、健康と長寿にとってはるかに重要と考えられている。

■身体の解放を試してみよう

さて、「頭で考えること」と「意識を集中させること」の違いがしっかり理解できたら、実際に、できるだけ頻繁に呼吸に内なる意識を向けて1日を過ごせるかどうか試してみよう。

呼吸が浅くなっていないかに注意しつつ、息を吐きながら身体をそっと解放し、優しくほぐしてみよう。

そうすることで、あなたの能力は次第に変化し、内面と外の世界に同時に集中することができるようになる。

最初は難しく感じるかもしれないが、リラックスしてトレーニングに取り組むうちに、多くの先人たちと同様、自分自身、他者、物理的な外界に対する意識が大いに深まり、広がっていくことに気づくだろう。

興味深いことに、西洋科学でも、マイナスイオンの重要性が認められている。マイナスイオンとは、空気中を漂う負の電荷を帯びた分子で、人間の健康によい影響を与えることが知られている。マイナスイオンは自然のなかに多く存在し、特に滝の近くや山の頂上、森のなかや海の近く、それに嵐の直後などに多く発生する。マイナスイオンを浴びると、私たちは元気になり、高揚し、活力を感じる。

実際、マイナスイオンが活性酸素の一種であるフリーラジカルを無効にし、細胞の代謝と免疫機能を高め、睡眠と消化を助けることが証明されている。[25]深呼吸をすると、肺を通して体内に取り込まれるマイナスイオンの数が増えて、細胞や組織に強い健康回復効果がもたらされる。解毒作用が働き、身体に元気を取り戻すことができる。

次の問いは、あなた自身が身体とどのような関係にあるか、それについてどう取り組むべきかをじっくり考えるためのものである。

ぜひ役立ててほしい。

身体を見つめ直すための問いかけ

あなたは自分の身体とどのような関係にあるか？

- 身体と確かにつながっていると感じられる時間がどれくらいあるか？
- 身体のなかで生きていると実感できる時間がどれくらいあるか？

幼少期や青年期に、身体と最もつながっていたのはいつの頃か？

- それに対してサポートがあったか？
- あなたの家族は身体活動をどの程度、取り入れていたか？　家族に抱きしめられたり、スキンシップをされたりといった経験がどれくらいあるか？

身体に関する効果的なアクション

「身体を見つめ直すための問いかけ」にすべて答えたら、実際に時間をつくって行動を起こせないか考えてみよう。

身体が本当に気持ちよくなれる講座や活動を探してみてほしい。

ダンス、ヨガ、気功、武道、ジム通い、サイクリング、ウォーキングなど何でもいい。

これらの活動をひとつでも複数でも、少なくとも週に4回行おう。

最初は難しくても、すぐにその楽しさに気づくはずだ（そして、その機会を逃したくないと思うようになるはずだ）。活動から生まれるエネルギーと身体とつながった感覚のおかげで、1日を前向きに過ごせるからだ。

どんな活動をするにせよ、何よりもまず、自分の身体と意識的につながってみよう。

そして、屋外でランニングを楽しむのなら、ぜひイヤホンを外してほしい！

呼吸をして……、身体を感じて……、周りの環境に五感をしっかりと開いてほしいのだ。

身体のトレーニングは意識して実践する

1日を通して、これまでよりも自分の身体の状態に注意を払うようにしよう。

- できるだけ頻繁に呼吸に意識を向けること。自由に呼吸ができているだろうか、それとも呼吸がしにくいだろうか？　どこで呼吸をしているだろうか？
- 時々、息をそっと深く吐き出す習慣を身につけること。しっかり息を吐くと、呼吸が苦しくなるが、そのまま続けよう
- 歩きながら、足の裏が地面に接しているのを実感すること。一歩を踏み出すたびに、足にどんな圧力がかかっているかに注意してみよう。地面は固いだろうか、軟らかいだろうか？
- パソコンに向かっているときは、自分の呼吸と姿勢に注意を向けること。どこで呼吸をしているだろうか？　猫背になっていないだろうか？　もしそうなら、そっと姿勢を正して、時々姿勢をチェックしよう

CHAPTER 4

目的のある人生

私が仕事で関わるリーダーのなかには、目的意識を見失ってしまった、以前よりも仕事に刺激を感じられないと話す人が多い。それで悩んでいる人もいる。

目的を取り戻すと、時に予期しない、大きな変化が生まれる場合がある。

たとえば、イギリス最大の政府機関のひとつに勤める上級公務員の体験談を紹介しよう。彼は政府内の大きな機関のナンバー2という高い地位に就いていたものの、ナンバーワンの地位を求めてこれまで3回志願したが、選ばれなかったという。

いつか選ばれるように自分の欠点を「直したい」と彼は私のところにやって来た。だが私たちは、彼のリーダーとしての能力や行動に注目するのではなく、彼の目的意識を探ることから始めたのだ。2、3回話し合ったあと、彼は興奮した様子でやって来て、こう言った。

「先週、あることに気がつきました。自分はこの仕事を本当にしたいわけではない。ただ仕事だからしているだけ。そのことに気づいたんです。ハシゴがそこにあるから上るわけです。ハシゴを上ろうとする野心をもつのが、普通の衝動だと教えられました。でも別の道もある、自分の気持ちにもっと近い、違った貢献の仕方があると思うようになりました。ただ自分自身に正直に生きることで、よりよい貢献ができるといまは感じています」

人生の目的についての基本的な考え方

目的をもたずに人生を生きるのは、舵もいかりも羅針盤ももたずに嵐の海に漕ぎ出すようなものである。目的は不可欠だ。

有名な精神分析学者のカール・ユングの言葉にあるように、目的もなく生きることは魂にとって最も痛ましい傷のひとつである。

目的というテーマは、個人の領域でも仕事の領域でも注目されている。

人々はいまや自分の存在意義を見つけるために、週末に瞑想や黙想の会などに参加するようになった。だがそれは、「手っ取り早い解決」を求める文化を反映した、効果の疑わしい方法にしか見えない。

一方、ビジネスの領域では、多くの組織がもっと真剣に、コンサルタントの助けを借りて、会社の核となる使命、価値、目的を定義し、明確にしようとしている。

調査によると、しばらく前からミレニアル世代の多くは、給料が少なくても自分が正しいと信じる価値を掲げる会社に進んで就職しようとする。[26]

また、時代を先取りする多くの考え方と同様、人、利益、地球という3つの価値を反映した「トリプルボトムライン」という概念がいまや主流となりつつある。[27]

以前は、具体的な活動が伴わないのに社会や環境に対する責任を派手に宣言する企業が見られたが、ソーシャルメディアの普及によって、企業がこのような「グリーンウォッシング」として知られる偽善行為で責任をごまかすのは、ますます難しくなりつつある。

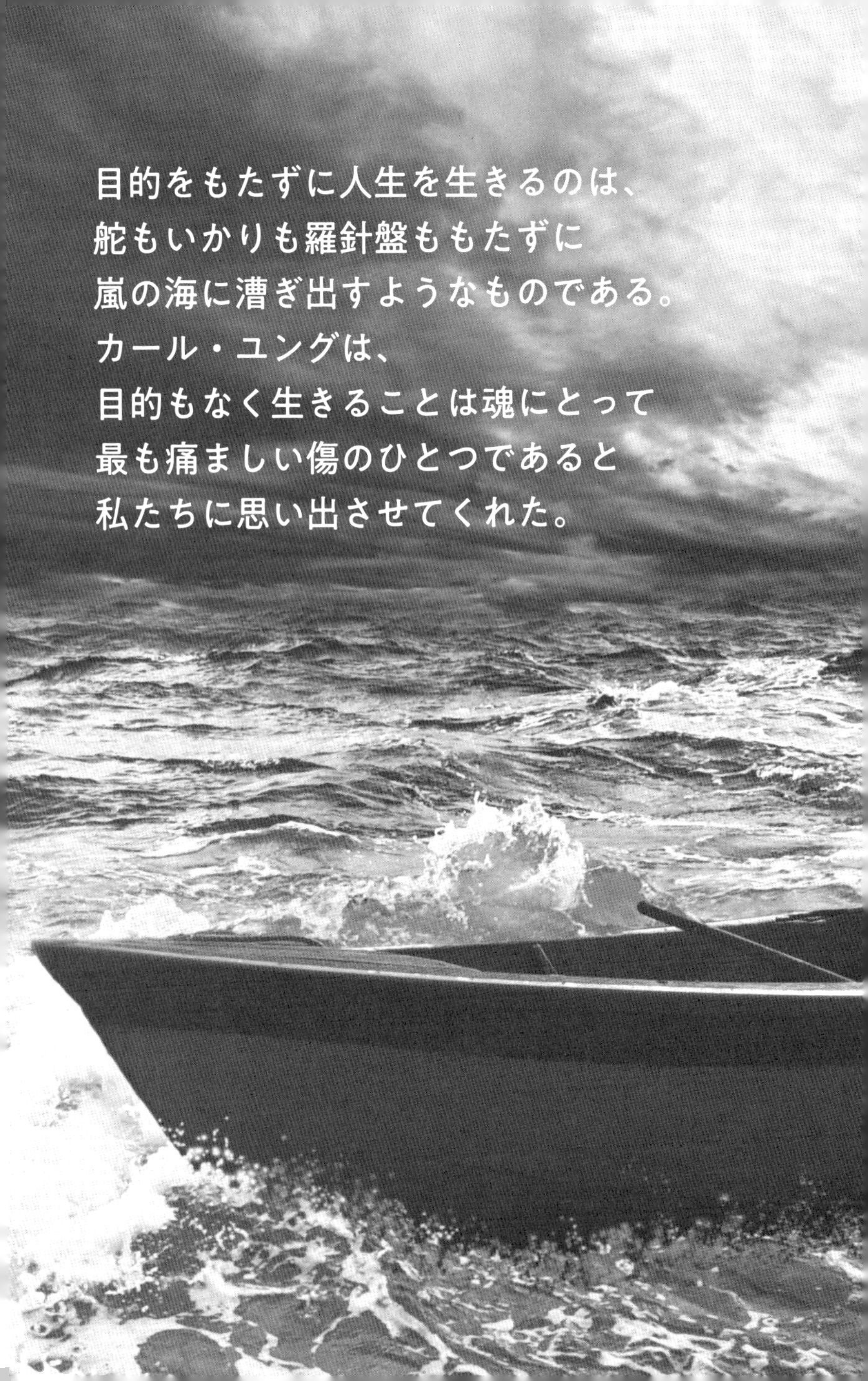

目的をもたずに人生を生きるのは、
舵もいかりも羅針盤ももたずに
嵐の海に漕ぎ出すようなものである。
カール・ユングは、
目的もなく生きることは魂にとって
最も痛ましい傷のひとつであると
私たちに思い出させてくれた。

私たちは新型コロナウイルスのパンデミックから得た深い教訓を、まだ十分に理解できていない。だが、ある種の現象が目立つことは確かだ。

地域レベルでは、それまでの「常識」をはるかに超えて、多くの人が他人を気にかけ、互いに支え合おうとしていた。

また、多くの組織が率先して、医療品をはじめとする必需品の製造を支援しようと生産設備の提供を申し出た。それは自社の収益の流れを変え、多くの場合、収益の大きな落ち込みを意味することだった。

2000年代半ば、私は世界の大手軍需会社のひとつと取り組んでいた仕事について、ある有名なビジネススクールの理事たちと何度も話をしたことがある。

その軍需会社は、自社の優れたテクノロジーを戦争以外のために利用できないかと考えていた。それが社会的、倫理的、財政的にいかに理にかなっているかについて、私たちは議論していた。

ただし、それが実現するにはパンデミックの危機を待たなければならなかったのだが……。

理性的な思考に支配され、感情を失った結果、私たちはしばしば、終わりなき成長、生産性の向上、物質的利益こそが目的だと考えるようになった。昇進、昇給、大きな家、新しい車など、次から次へと果てしなく追い求めるようになった。

だが、翌四半期の数字を達成するという目的しかない仕事に、週に40時間から80時間も費やすこと以上にうんざりすることがあるだろうか？

「ビジョン・ステートメント」が価値や貢献ではなく、数字や目標から成る組織のために、全力を尽くそうとするだろうか？

以前、私たちが陥ってしまったサイクルを見事に表現した広告を、アメリカの携帯電話ショップのウィンドウで見たことがある。

「もっと何もかも含まれたプラン――いますぐお申込みを！」

私たちは自分が何を欲しているのかわからなくても、「もっともっと」と際限なく欲しがってしまう。満足感が得られるはずと期待して、あらゆるものを大量に手に入れようとする。

しかし、金銭その他の物質的利益をいくら手に入れても、目的意識や意義をよく理解したうえで、自分が誰かに貢献していると実感しながら生きる満足感には及ばない。

貢献する相手は、誰かひとりでも大勢でも構わない。

目的とは、自分が何者かという深い本質から生まれるものであり、私たちは「不在（アブセンス）」の文化」のなかで、そうした本質との接点をあまりにも簡単に見失っている。

だから虚無感に苛《さいな》まれないように、常に動き続け、できるだけ速く進み、狂ったように何時間も働き続けている。だが、これがうまくいくのはしばらくのあいだだけだ。

なぜなら、アメリカの作家スタッズ・ターケルが仕事に関する著書『仕事！』

（晶文社）で書いているように、仕事とは「日々の糧と同時に日々の意味、現金と同時に人から認められること、つまり死んだままの月曜から金曜ではなく、なにかしら生き甲斐を求めること」[28]だからである。

私が一緒に仕事をしているシニアリーダーには、物事を深く考えている人が多い。

徐々に深く考えるようになった人もいる。自分の人生の本当の意味は何なのか、真摯に冷静に自問しているのだ。

目的とは、自分が何者かという
深い本質から生まれるものである。

そうすると、しばしば不安に襲われるような虚無感が生まれる。

それは、マインドフルネスがもたらすようなゆったりとしたつながりの感覚とは正反対の感覚である。何かが足りない、人生にはもっと何かがあるはずだという、暗いほら穴のような思いが常にある。


誰でもそういう思いを抱いたことがあるだろう。私は、アメリカで開催したリーダーシップ研修に参加してくれた企業幹部の言葉をいまでも覚えている。

午前中の休憩時間に、彼は外に出て、雪に覆われた美しい冬景色のなかに立ち尽くしていた。目的意識について深く議論をしたせいか、茫然としていた。

彼は私に向かって静かにこう言った。「これは大変なことですね」

確かにそうだ。しかし、あとになってつらい悔恨に苦しむくらいなら、野心や生きる意味や理由についての難しい問いをいま、自分に問いかけたほうがいいはずだ。


こうした問いの答えにたどり着くためには、自分の心や身体と深くつながる必要がある。

そしてどんな感情であれ、自分の感情を見つめるための余地と許可を自分に与えなければならない。必要なだけ時間をかけて、「湖の周りを歩く」のだ。

つまり、自分の人生において、これらの問いがいかに重要な意味をもつかを理解するための時間を取らなければならない。

現代の文化は、こうした問いに答えるのに適していないように見える。私たちは、すぐに不安感から目をそらし、「中年の危機」を冗談のネタにし、恐怖や不安をユーモアで紛らわす。あるいは、もっとたくさん買い物をする。あるいは、より高い地位を手に入れようとする。さまざまな薬で治療を受けて、すべてがうまくいっていないという感覚を麻痺させることもあるだろう。

だが、こうした問いにもっと意識的に向き合えば、大きな分岐点となる瞬間がやって来る。より豊かで充実した人生の始まりを告げる、大きな変化の瞬間が訪れるのだ。

15年ほど前、私はオリヴィエ・ミソドラマ社の共同取締役を務めていた。同社は私が設立を支援した会社で、リーダーシップを専門とするコンサルティング会社として成功していた。当時、私はさまざまな企業の経営陣と仕事をするために世界中を飛び回っていた。ファーストクラスの航空券や5つ星のホテルが当たり前になり、想像していた以上の収入を得ていた。ところが、何かが徐々に私の良心を苦しめるようになる。はじめはほとんど聞き取れないささやき声のようなものだった。

私が目を覚ましたのは、シナイ半島の砂漠で自分を見つめ直すための修養に参加していたときのことだった。指導者とともに慎重に行われた修養だった。

私たちはまず4日間を準備に費やしてから、少人数で3日間、断食をしながら孤独に過ごした。水とごく最低限の寝具だけをもって、人里離れた場所で寝泊まりをした。

その3日間ではっきりしたことがある。私がいかに仕事という虚飾の世界に惑わされていたか、また自分がどれほど深い価値や目的を見失っていたかがわかったのだ。

視界が開けたような気がした。痛みを伴うものの、大いに歓迎すべき瞬間だった。

それが私の人生の重要な転機となった。


「物質的な豊かさ」が答えではないと認めるのには勇気がいる。また、自分を成功に導いてきた、磨きのかかったツールの多くを感謝を込めて手放すべきだと認めるのも同様だ。

タイミングをうまく見計らう必要もある。だが、周りの言葉に耳を傾けていれば、新しい方向性がわからなくても、過去のやり方をあらためるようにと求められることがあるだろう。

そんなときは、逃げるのではなく暗闇に立ち向かい、自分で決めたタイミングではなくても、自分は新しいやり方で新しい目的意識をもって立ち上がると信じなければならない。

世界的に有名な文学作品に、まさにそれを率直に言い表した有名な一節がある。

ダンテの『神曲《しんきょく》』の地獄編第1歌は次のように始まる。

人生の道の半ばで
正道《せいどう》を踏みはずした私が
目を覚ましたときは暗い森の中にいた。

以来、ダンテの言葉は多くの教えのなかで繰り返し引用されている。

1世紀後、スペインの神秘主義者だった十字架の聖ヨハネもダンテの言葉に魅了され、同様に「魂の暗夜」と表現した。これら神話のような表現は、人間が陥る迷いの瞬間が普遍的なものであること、またそれは大きな困難ではあるものの、人生の旅にとって不可欠であることを明らかにしている。

恐ろしくも難しくもありながら、変化をもたらす転換点でもある。

これまで私たちを導き、多くの幸せをもたらしてくれた自我を、いまはそっと脇に置かなければならない。そんな時期のことを、ユングは心の内側に向かう時期、つまり「魂の欲求」と「精神の問題」に向かう時期と的確に表現した。

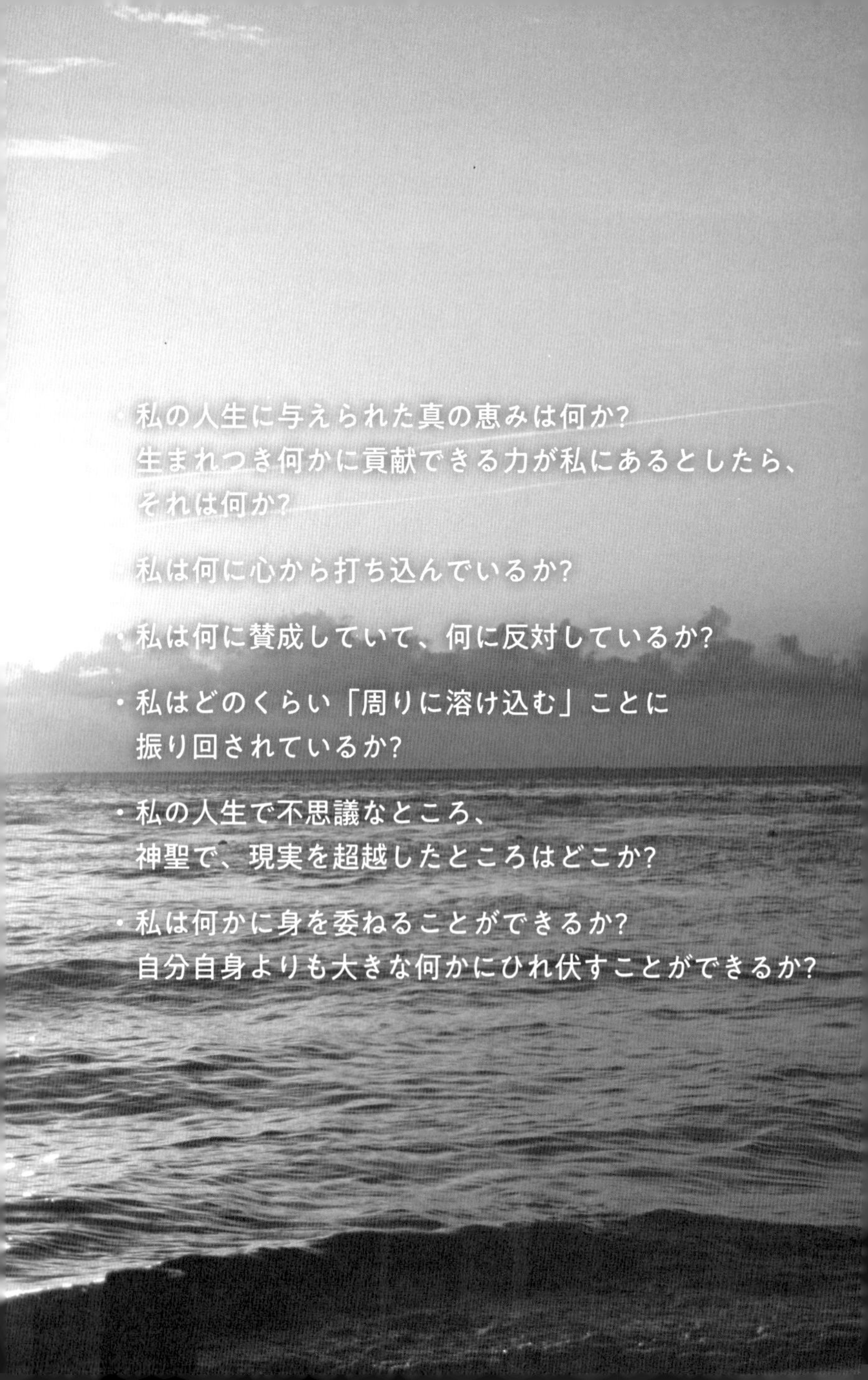

- 私の人生に与えられた真の恵みは何か?
  生まれつき何かに貢献できる力が私にあるとしたら、
  それは何か?
- 私は何に心から打ち込んでいるか?
- 私は何に賛成していて、何に反対しているか?
- 私はどのくらい「周りに溶け込む」ことに
  振り回されているか?
- 私の人生で不思議なところ、
  神聖で、現実を超越したところはどこか?
- 私は何かに身を委ねることができるか?
  自分自身よりも大きな何かにひれ伏すことができるか?

たとえ伝統的な宗教やほかの時代遅れの信念体系を否定したとしても（多くの場合、否定するだけの正当な理由がある）、何かに魅了される感覚を捨てる必要はない。

そういう感覚を失えば、私たちは経験の深い本質から遠ざかり、つながりや帰属意識を失い、他者や世界から疎外されてしまうかもしれない。

アインシュタインは次のような言葉を残している。

「私たちが体験しうる最も美しいものは、神秘である。これがあらゆる真の芸術や科学の源であり、この感情を知らない者は、もはや驚きと畏敬の念に打たれて立ち止まることもできない、死んだも同然の存在なのだ」

だが、目的と転換を探し求めるようになると、次のような新たな問いが生まれる。

- 私の人生に与えられた真の恵みは何か？　生まれつき何かに貢献できる力が私にあるとしたら、それは何か？
- 私は何に心から打ち込んでいるか？
- 私は何に賛成していて、何に反対しているか？
- 「わからない」という感覚をどのように受け入れ、乗り越えているか？
- 私の人生で不思議なところはどこか？
- いつも目を向けていなかったことに心を開くと何が起きるか？

- 私の人生で神聖で、現実を超越したところはどこか？
- 私は何かに身を委ねることができるか？　自分自身よりも大きな何かにひれ伏すことができるか？

アイルランド出身のイギリス人で、偉大な脚本家であり論客だったジョージ・バーナード・ショーは、次のように書いている。

「人生における真の喜びは、偉大だと思える目的のために生きることである。世界が自分を幸せにしてくれないと嘆きながら、病気と不平不満を訴える、自制心のない利己的な愚か者としてではなく、自然の一部になることである。

私は自分の人生は社会全体のものであり、生きているかぎり社会のためにできることをするのが自分の特権だと考えている。死ぬときには、完全に力を出し尽くしたと思いたい。なぜなら、一生懸命取り組めば取り組むほど、充実して生きることができるからだ。

私は人生そのものに喜びを感じる。私にとって、人生とは儚《はかな》く燃え尽きるろうそくではない。いまこの瞬間手にしている光り輝くたいまつであり、それを未来の世代に手渡す前に、できるだけ明るく燃やしたいと思っている」

私たちはどうすれば、そんなふうに考えられるようになるのだろうか？

その方法はビジネススクールでは教えてくれないし、人間の幸せやマインドフルネスに関する本でもめったにお目にかからない。だが、意義と貢献のある人生を望むのであれば、これらの問いに答えざるをえなくなるときがいつか来る。

また、私たちはこれらの問いに答えずして、先進的な組織をつくることはできない。世界中で、企業はこれまで文明の存続を犠牲にして利益を追求してきた。相互に有益で健全な利益を生み出し、種としての長期的な繁栄に貢献する唯一の方法として、私たちはいまこそ「人、利益、地球」を仕事の頂点に据えるべきなのだ。

すでにその道を全力で歩んでいる大企業もある。私たちを大いに奮い立たせてくれる、そうした企業の例を紹介した本として、「コンシャス・キャピタリズム」を提唱する研究者、ラジェンドラ・シソーディアの著書[29]を強くおすすめしたい。

目的とのつながりを取り戻す

癒し手としてのリーダーは、目的こそが活力源だと理解している。

そして、次のふたつの重要な問いを自分に投げかける覚悟ができている。

自分のやるべき仕事は何か?

自分に求められていることは何か？

少し時間を取って、これらの問いについてよく考えてみよう。

すぐに答えが出るものではないと理解してほしい。むしろ、これらを自問することで、何年にもわたって続く深い思索のプロセスが生まれることになる。

癒し手としてのリーダーは、身体と理性と心のつながりを取り戻そうとするなかで、強い自意識を育み、自己にしっかり根差した存在を意識し、自分が賛成または反対するものに積極的に関わる意欲を育んでいく。感情との関わり方を知り、求められるかぎり心を開いて、他者を受け入れ、感情に寄り添うことを学ぶ。

このように自分を知ることが、目的を探し求めるうえで極めて重要なのだ。

自分を知らなければ、大きな犠牲を払うことになる。

現代の多くの危機は、その根幹に利己主義の蔓延がある。

それに対して、癒し手としてのリーダーは、目的とは他者に対する貢献と奉仕から生まれるということを知っている。

あまりにも理想主義的な利他主義のように聞こえるだろうか？

それなら、2018年にシカゴ大学ブース・スクール・オブ・ビジネスとノースウェスタン大学ケロッグ経営大学院の心理学者らが発表した研究結果を見てほしい。

この研究では、他者に与えることで感じる幸せは、自分自身に与えることで感じる満足感よりもはるかに長く続くことが明らかになった。さらに研究では、物質的な満足と豊かさが一定レベルを超えると、それ以上にお金があっても幸福度が増すわけではないこともわかっている。私たちが考えがちなこととは正反対だ。

この研究はその後、幸福に関する心理学研究の中心的存在となっている。[30]

癒し手としてのリーダーは、チームのために、仲間に次のような問いを投げかける。

- あなたは仕事のどんな点を誇りに思っているか？
- 私たちが一緒にやっている仕事のなかで、あなたにとって有意義なことは何か？
- 私たちの仕事についてお孫さんに話して聞かせるとしたら、何を話したいか？

私の経験では、ほとんどの人は、これらを深く考えてそれを人と話し合う機会をもちたいと心から望んでいる。他者との絆を深め、活力を与えてくれるからだ。

自分の目的意識を掘り下げる助けにもなり、またアイデアがひらめき、考えがクリアになり、人と協力して、何かに全力を尽くすという新たな感覚を解き放ってくれる。自分に目的が欠けていると自覚するだけでも、それでも批判されないのなら安堵感を覚える場合もある。

自分のやるべき仕事は何か?
自分に求められていることは何か?

■ **CEOを務めるクライアントの思い**

目的に沿ったビジョンに向かって組織を率いるためには、自分の目的は何か、自分はどんな貢献をしたいかを深く掘り下げ、明らかにしなければならない。

出世の階段を上ることは、もはや動機づけにはならない。

それでは、自分を支えるものは何なのか？

自分の意欲を引き出してくれるものは何なのか？

玄孫《やしやご》の世代のために何を世界に残したいか？

リーダーとしてそれを実現する機会をもてるのは、すばらしい特権だ。

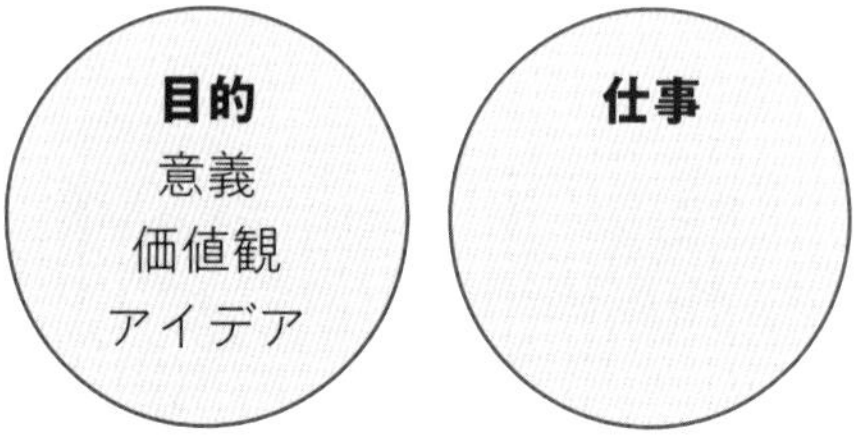

あなたの円は
どの程度重なっているか?

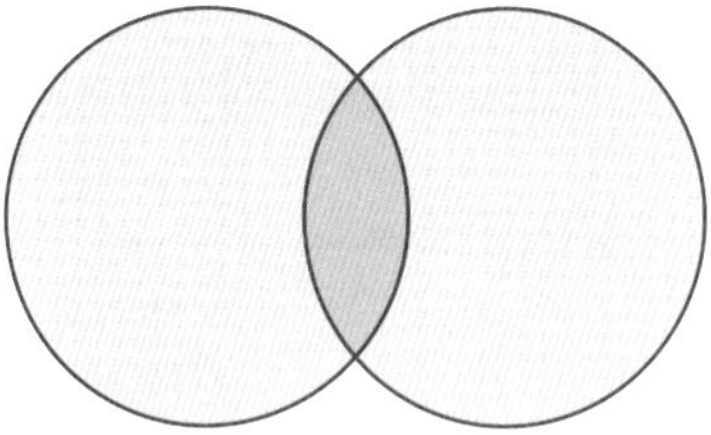

あなたの円は
どの程度離れているか?

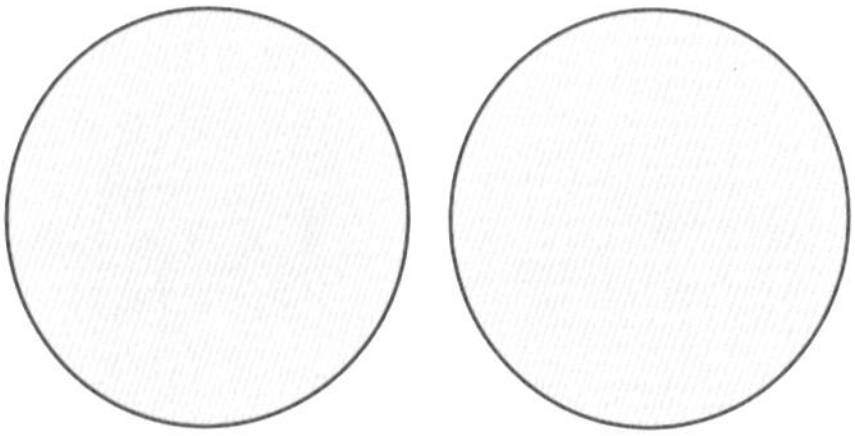

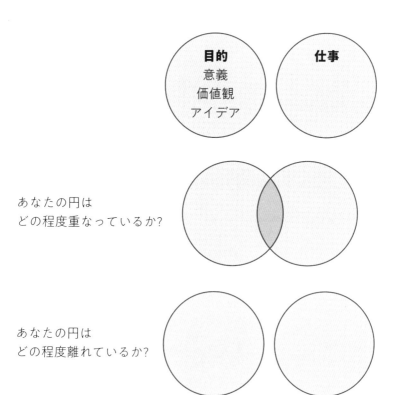

右の図は簡単なチェックである。定期的に試してほしい。

癒し手としてのリーダーは、自分の円の状態に常に注意を払っている。ふたつの円が離れてしまう時期も必ず経験するはずだ。そんなときは、「これは試練なのか、それとも何かの兆候なのか？」と自問しよう。試練だとしたら、自分自身や仕事について何かを変えて、つながりを再構築する必要がある。何かの兆候だと判断するのなら、現在の仕事や会社を辞めるなど、もっと抜本的な変化を起こすべきときかもしれない。

一般的にいって、私たちが目的の喪失に気づき、そこから「立ち直る」きっかけには次の3つがある。

・危機を経験した場合

重い病気や愛する人との死別、離婚や失業などのつらい経験を指す。

危機から必ず気づきが生まれるというわけではない。とはいえ、そうした出来事で人生が一変したにもかかわらず、新たな目的意識や生き方を得て立ち直った人のエピソードはたくさんある。[31]

・自然と気づいた場合

指針としていた目的がすでに失われ、それを再発見する必要があると気づく瞬間を指す。

私のクライアントのひとりは、40歳の誕生日を祝って自分へのご褒美としてヒマラヤ山脈でハイキングを楽しむ休暇を過ごしていたときに、そういう瞬間を経験した。

ある日、雄大な山の景色を眺めながらひとりで座っていると、突然、信じられないほど「成功を収めた」自分の人生がじつはいかにバランスを欠いているかに気づいたという。

このような瞬間は、新たな人生の選択や変化のきっかけとなることが多い。

・メンターやコーチとの対話

私たちは人生の重要な岐路に差しかかると、深い知見をもった経験豊富な導き手として、話し相手やコーチを求めるものだ。メンターやコーチは、未知の世界からできるだけ逃れようとするのではなく、それに立ち向かい、暗闇に身を任せるべきだと励ましてくれる。

そうした瞬間は、特に大きな変化のきっかけとなることがわかっている。

確かに、人生の核となる目的に関わる問いと向き合う際には、十分なサポートを得て、慎重に行う必要がある。

まず必要なのは、メンターやコーチの助けを借りて、あるいは信頼できる献身的な友人や同僚と一緒に、しっかりした場をつくること。たとえ何が起きてもすべてを認めて、感じることができる場である。これは重要だ。

苦しくて受け入れがたい経験を抱えていても、それを正当化したり取り繕ったりしようとする衝動を抑える必要があるからだ。

このように心から自分と向き合うと、2種類の「緊張」が生まれることに気づくはずだ。それらを両方とも受け入れて、きちんと理解する必要がある。

ひとつは「過去からの引力」である。すでに述べたように、幼少期の経験はいくらしまい込もうとしても、やがて眼を向けざるをえなくなる。私たちは、受け入れられ、育てられ、どこかに帰属するという基本的な欲求が十分に満たされていなかったと思い知らされる。自分のなかにあるそうした過去を感じられるようになると、成長した自分が到達した個人(私たちはそれぞれ「誰か」を築き上げようとしている)のさまざまな側面が、じつはそれとなく、だが本質的に、そういう痛みを伴う過去を排除して成り立っていると理解できるようになる。そのためには、心の弱さを認められる強さが必要だ。それによって気持ちがほぐれ、思いやりや人とのつながり、謙虚な心といった資質が開花する。

もうひとつの緊張は、「意識レベルを引き上げる力」で、これは人間の心理的、個人的な発達の一連の段階ともいえる。

たとえばマインドフルネスを実践するとまず、私たちは広がりのある解放感を得て、そこでまったく異なる意識レベルを経験する。芸術や自然や静寂が大切になり、合理的な確実性は必要なくなり消えていく。

伝統的な文化では、人々はそうした衝動を素直に自覚し、文字どおりにであれ比喩的にであれ、森や砂漠や洞穴に籠もって瞑想の時間を過ごした。もはや管理は優先されないため、際限なく瞑想を続けられた（これについては、次のＣＨＡＰＴＥＲで詳しく取り上げる）。

癒し手としてのリーダーはこれを手本に、社会を離れてどこかに籠もることなく、深く考えに沈む時間を大事にする文化をつくるために力を尽くしている。

ゆとりのない個人主義的なアイデンティティが薄れ、大きなつながりの場、深い目的意識、奉仕や貢献を望む自然な本能を受け入れられるようになったとき、新しいリーダーシップや組織の姿が現れる。

それを体現しているのが、癒し手としてのリーダーなのだ。

目的を見つめ直すトレーニング

目的という概念の原型は、火の要素と結びついている。火は、情熱、意志、行動力を表しているからだ。

癒し手のリーダーは、人生で最も「燃えている」と感じたとき、それこそが生きる目的だと考える。それは必ずしも激しい、劇的な興奮である必要はない。

むしろ、自分自身や自分の仕事とぴったり合致しているという感覚を指す。

そうした合致の感覚から、どこでどのように逸脱してしまったかを振り返ることも重要だ。

ただ周りに溶け込むために、自分自身や他者に小さな嘘をついていないだろうか？

自分の価値観を曲げてきたのではないだろうか？

それをどのように修正すればよいのだろうか？

目的を見つめ直すための問いかけ

人生のなかで、生きる目的と最も合致していると感じたときのことを振り返ってみよう。1回かぎりの経験かもしれないし、それが何カ月も続いたかもしれないが、そのときのことを思い出して、よく考えてみてほしい。

- そのとき何が起こったか？
- あなたはどのように感じたか？
  （具体的な感情をできるだけ正確に言い表してみよう）

誰かほかの人と一緒にいた場合、あなた方の人間関係はどのようなものだったか？

- あなたは彼らに親しみを感じていたか？　彼らの気持ちに十分に寄り添っていたか？
- あなたはどんな基本的価値観を体現していたか？

- あなたはどんな貢献をしていたか？
- 自分にしかないどんな能力や才能を発揮していたか？

そうしたいくつかの時期を取り上げて、それらを総合して以下のことを考えたり感じたりしてみよう。

- あなたはいま、目的と合致している感覚からどの程度遠いところにいるか、どの程度近いところにいるか？
- その距離から考えて、何が原因で目的と合致した感覚を失ってしまったのか？
- 周りに溶け込みたい、好かれたい、受け入れられたいという欲求に駆られて、どの程度自分の使命を曲げたり薄めたりしているか？　どの程度「無難な行動」を取っているか？
- 後世にどんな遺産を残したいか？　後世の人々にどのように記憶されたいか？

目的を再認識するための実践法

自分を見つめ直すことができる場所や活動を見つけよう。
そして、次の問いを自問自答してみてほしい。

- 私は何に心から打ち込んでいるか？
- 私をひどくがっかりさせることは何か？
- 私が大好きなことは何か？
- 私にしかない才能やスキルは何か？

回答をもとに自分の基本的価値観を理解し、自分はどこで情熱と目的を感じられるのかを見つけだそう。

- 自分に刺激を与えてくれる本（伝記など）を読んだり、深い感動を与えてくれる音楽や芸術に触れる時間を取ったりしよう
- 振り返り日記をつけ始めよう。1日の終わりに、その日に感動したこと、驚いたこと、新鮮な気持ちで生きていると感じた瞬間や会話を書き留めよう
- 目的、価値、アイデアのひらめき、意義について、親しい友人や同僚と話し合おう
- 自分が最も感動して刺激を感じたことについて、気の向くままに詩や文章を書いてみよう。長く、上手に書く必要はないし、誰にも見せる必要はない。ただ自分の情熱を書いてみよう

１９８２年のある暑い日、私はエジプトで、ギザの大ピラミッドの主室に向かって長い坂を上っていた。主室のなかには、殺風景な石の壁に囲まれて、蓋のない石棺がぽつんと置かれているだけだった。

だが、私は主室にたどり着くとすぐに、その場の雰囲気に心を奪われた。数分後には、意識が変容したような状態に陥っていた。

瞑想や創作活動で経験したのと同じような感覚だったが、これほど激しいものはかつて経験したことがなかった。目を閉じると、たちまち時間の感覚がなくなっていく。巨大なエネルギーの渦の中心

現代の文化では、
自己を超越した意識状態を
実感することはめったにない。
その結果、私たちは時に
本当に道に迷ってしまうのだ。

に立っているような気がした。
やがて、ほかの観光客が何人かやって来た。彼らが上り坂にイライラしているのは明らかだった。到着して数秒も経たないうちに、ひとりの女性が「何もないじゃない！」と怒ったように言った。飛び出していった彼女のあとを、同行者たちが急いで追いかけていった。

現代の文化では、自己を超越した意識状態を実感しやすい場が失われている。
だから、「何にもない」ように感じられるのだろう。
その結果、私たちは時に本当に道に迷ってしまうのだ。

CHAPTER 5

マインドフルネスと瞑想

マインドフルネスと瞑想についての基本的な考え方

癒し手としてのリーダーになるために最も重要で、大きな効果を発揮する方法が、瞑想とマインドフルネスである。

どちらの方法も、内面の状態を存在モードに転換し、そうした状態を安定させるのに役立つ。また、自分の帯域をできるだけ広げて、もてる力をすべて発揮することも可能にする。複雑なビジネス環境であれ、対立する政治の渦中であれ、世界的なパンデミックの最中であれ、加速する気候変動の時代であれ、私たちを取り巻く世界は騒音と混乱に満ちている。そのなかにあっても、こうした方法による内省がもたらす本質的な基盤は、深い心の静寂を得る助けとなる。

多くのリーダーが気づき始めているように、瞑想とマインドフルネスの実践は非常に重要だ。目先の状況だけを見て狭い視野にとらわれるのではなく、広い視野で物事を見ることができるようになり、不安定な世界で生きるための命綱のようなものを与えてくれるからだ。

世界の混乱が消えてなくなるわけではないが、私たちの心が平穏なら、混乱がなくなる必要はない。心の深い場所から行動することを学べば、たとえ向かい風が強く吹きつけても、決してバランスを失うことはないからだ。

理性的な思考に支配されていると、私たちは目の前に見える物事だけに基づく現実にとらわれてしまう。

ところが瞑想とマインドフルネスに打ち込むと、より深いレベルで自己の存在を感じて、心の平穏を経験できるようになる。そして心の平穏には、深さの点でもそれがもたらす効果の点でも、限界がないことに気づくようになる。

瞑想とマインドフルネスによって新たな意識レベルが生まれることは、時代や文化を超えて語られてきた。また、これについては現代科学でも十分に研究されている。

過去3000年にわたって、あらゆる文化でさまざまな人たちが、人間の意識の性質について研究し、意識を発達させ拡張させる方法を発見してきた。

そうした人々の多くは、自らの文化の権威ある宗教のなかで秘伝を伝える中核的存在を担い、修道院や僧院、人里離れた荒野などで、実社会から離れた生活を選ぶことが多かった。

文化や宗教の違いを超えて、彼らの研究とそこで明らかになった普遍的な真実は、現在、世界の偉大な叡智の伝統と呼ばれるものの中心となっている。

こうした精神世界に注目する団体のなかには、受け入れられ、尊敬されるものもあったが、拒絶されるものもあった。

特に、正統派の宗教が社会で権力と支配権を握っていた時代には、迫害され、追放されるものさえあった。また、自分たちの教えを秘密にし、公表しない団体もあった。

大衆の側がきちんと心の準備をして手ほどきを受けなければ、そうした教えを学ぶことが逆効果になり、悪影響を与えることにもなりかねないと考えたからだ。

古代マヤ文明の人々や初期のカバラ信奉者（訳注：ユダヤ教の神秘主義思想の信奉者）から、インドの偉大なヨガのグル（導師）やアメリカ先住民のシャーマン（訳注：霊魂との交信ができると信じられている宗教指導者）に至るまで、古い教えの多くは、現在の不安定で、不確実で、変化の大きい時代を驚くほど正確に予見していた。

自分たちの教えが必要とされる時代が必ず来る、だから教えを説かなければならないと彼らは予測していた。

彼らに先見の明があったことは、マインドフルネスに対する関心の高まりを見ればわかるだろう。マインドフルネスはいまや学校、病院、刑務所など、世界中の多くの組織で取り入れられている。

暴力事件が多発する都心部の学校でマインドフルネスが有益であることはよく知られており、また多くの先進的な組織では、マインドフルネスの時間が日々のスケジュールに組み込まれている。

加えて、数えきれないほどの有名なCEOや著名人が、瞑想は生活に欠かせないと公言している。

たとえば代表的な人物としては、ジェフ・ワイナー、アリアナ・ハフィントン、ラッセル・シモンズ、ジョー・ローガン、ボブ・シャピロ、パッドマスリー・ウォーリアー、アンドリュー・チェン、マーク・ベニオフ、オプラ・ウィンフリー、ボブ・スティラー、ビル・ゲイツ、ビル・ジョージ、ラマニ・アイヤー、スティーヴ・ルービン、デイヴィッド・リンチ、ジェリー・サインフェルドなどがあげられる。

世界最大のヘッジファンドの創業者であるレイ・ダリオは、「おそらく私が成功した唯一最大の理由は瞑想でした」と語っている。

瞑想と
マインドフルネスによって
新たな意識レベルが生まれることは、
時代や文化を超えて語られてきた。
また、これについては
現代科学でも
十分に研究されている。

■クライアントのメモ
——多国籍テクノロジー企業のシニア・バイスプレジデントから伝えられた言葉

あなたのプログラムに参加して以来、私の会社では、重要なミーティングの前には必ず5分ほど目をつぶって、黙想の時間を取るようにしています。初めの頃は少し戸惑いがありましたが、すぐに欠かせない習慣になりました。結果が明らかだったからです。

短い時間で心を落ち着けて、自分自身とのつながりや参加者たちの存在を感じるのです。それ以来、私たちの思考の質が変わり、また参加者同士の互いにつながっているという感覚が劇的に変化しました。

興味深いことです。1年前には想像もできませんでした。

現代のマインドフルネスは、その本来の教えを薄めたバージョンかもしれない。だが、たとえそうだとしても、マインドフルネスへの関心の急激な高まりは、本書でこれまで取り上げてきた分離と断絶の重大な是正を表しているように思われる。

人類は無意識のうちに、この是正がいかに急務であるかを理解しているようだ。

マインドフルネスを実践すると身体に意識が向くようになり、結果として

CHAPTER2で述べた深い人間性へとつながる入り口が開くのだが、それは決して偶然ではない。

**現代のように自己に執着する文化では、
マインドフルネスと瞑想の
より深い目的が忘れられがちだ。**

マインドフルネスには、以下をはじめとする多くの効果があることが知られている。

- ストレスの軽減
- 健康と回復力の増進
- 人間関係の充実
- 集中力の向上
- 意思決定力の向上
- 他者と協力するスキルの向上

これらの効果は確かに貴重だが、そのほとんどは依然として「私」の領域に属するもので、自分の能力や働きの向上に関わるものである。

現代のように自己に執着する文化では、マインドフルネスと瞑想のより深い目的が忘れられがちだ。その目的は、私たちが経験している分離を解消し、自己意識を広げて変容させ、深く統合された領域の神秘に自らを開くことにある。

その神秘を表現するのに、アインシュタインの次の言葉ほどふさわしいものはないだろう。

「人間とは、私たちが『宇宙』と呼んでいる全体の一部であり、時間と空間が限定された存在である。人間は、自分自身や自分の思考と感情を、ほかの部分から切り離されたものとして経験する。それは人間がいわば目の錯覚として自分の意識を捉えているからである。

この錯覚は……、私たちを閉じ込める牢獄のようなものであり、そのため私たちは、個人的な願望や、身近な少数の人たちへの愛情だけにとらわれてしまうのだ。

私たちの仕事は、私たち自身をこの牢獄から解放するものでなければならない。そのためには、すべての生き物と自然全体をその美しさのままに抱擁できるように、私たちの思いやりの輪を広げていく必要がある」

アインシュタインが触れていたのは、心理学でいうところの「トランスパーソナル」、つまり自己の超越だった。「心の平穏」や「解放感」などといってもいいかもしれない。

私たちはこのような領域を経験すると、いまここにある普通の世界をはるかに超えた次元の現実に出合う。自己を超越した領域は、いま起きているさまざまな出来事とは関係なく、それらの影響を受けることもない。要するに、これまで常に存在し、現在も存在し、これからも常に存在する領域なのだ。

それを変えることはできない。意識のなかでそうした次元とつながり、それを安定させることで、私たちは目の前にある世界をまったく異なる方法で舵取りできるようになる。有史以前の時代から、あらゆる文化でそういう経験があり、それについて語られてきた。

瞑想とマインドフルネスの目的は、「黒い文字」だけを見つめる狭い執着を断ち切り、私たちの認知能力を開いて、まったく新しい次元の意識を取り込むことである。

つまり、私たちは「白い余白」とその先に気づけるようになる。

VISAインターナショナルの創業者であるディー・ホックはかつて次のように書いていた。

「何でも分けて考えるやり方は、工業化時代の縮図とも言える西洋文明の大いなる妄想であり、ある種の科学的考察法としては有効だが、理解と判断という点では致命的な欠陥がある。可分性、個別性、可逆性という概念は、偉大な進化の流れの中では、一時的な異常現象に過ぎない[32]」

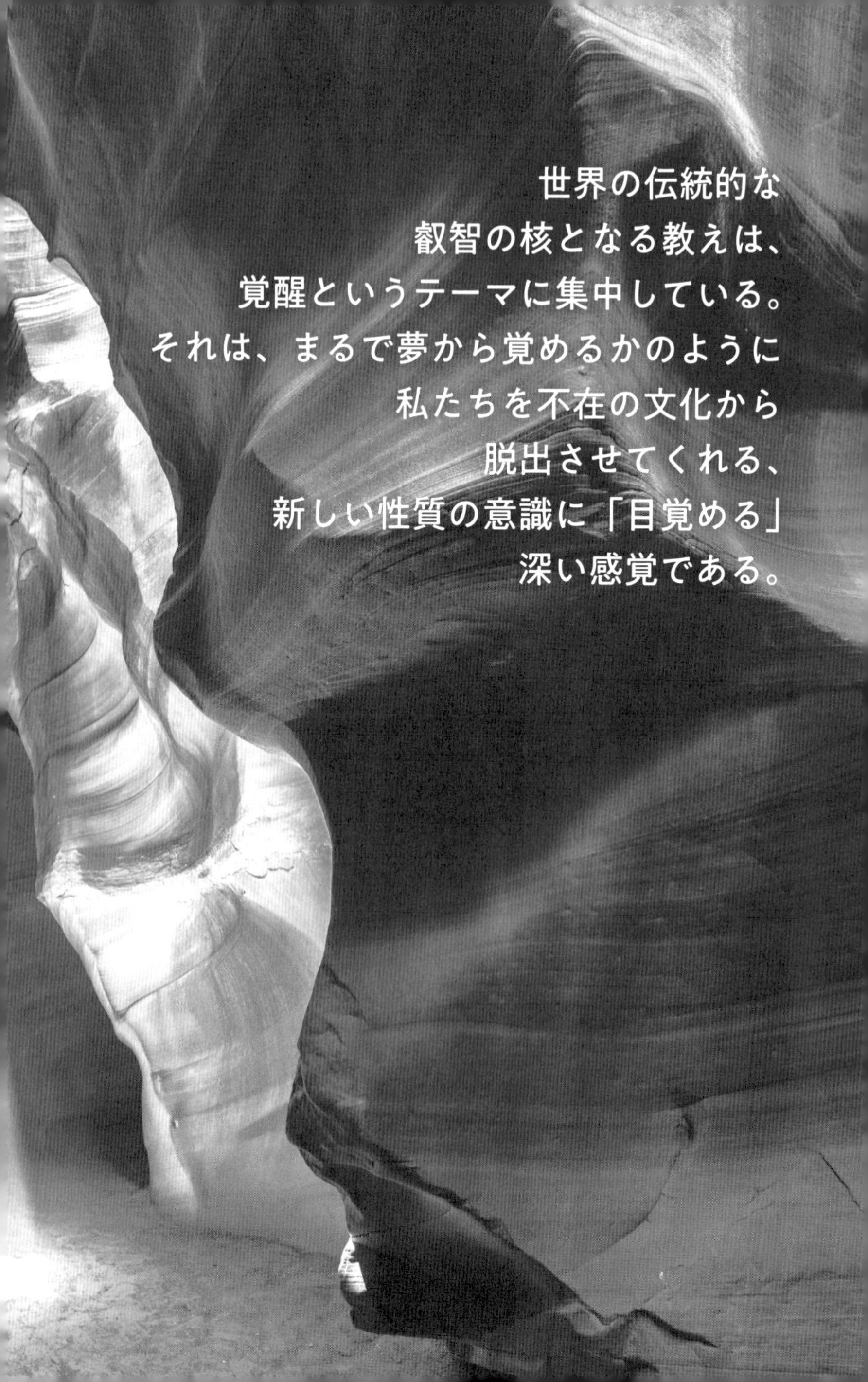

世界の伝統的な
叡智の核となる教えは、
覚醒というテーマに集中している。
それは、まるで夢から覚めるかのように
私たちを不在の文化から
脱出させてくれる、
新しい性質の意識に「目覚める」
深い感覚である。

私たちと一緒に取り組むことで、何百人ものリーダーが、それまで実践していた瞑想の学びを深めることができた。また、新たに瞑想の習慣を取り入れた者も多い。

はじめは難しいと感じたけれど、大きな効果を実感していると全員が言う。

瞑想をした結果、安心感が大きくなり、能力が高まる感覚が得られる場合が多い。短い時間でたくさんの仕事をこなせるようになり、気力が湧き、疲れにくくなったと多くのクライアントが話す。

心の奥底が開いた感覚があると言う者もいる。心の平穏を強く感じるようになり、自己や他者や世界を重層的に、多面的に認識できるようになる。また、「魂の価値」に対する姿勢が変わり、深い目的意識を感じるようになる。それにつれて、人生や仕事でそれまで習慣になっていた衝動や欲望が薄れ、他者とのつながりや存在の感覚に置き換えられていく。

こうしたリーダーの多くは、先に紹介した企業の幹部のように、ミーティングの開始前に全員で数分、黙想の時間を取るなど、社内で瞑想の習慣を取り入れている。

世界の伝統的な叡智の核となる教えは、覚醒というテーマに集中している。それは、まるで夢から覚めるかのように私たちを「不在（アブセンス）の文化」から脱出させてくれる、新しい性質の意識に「目覚める」深い感覚である。

不在に代わって生まれるのが存在、つまり「ここにいて、いつもあなたと向き合っている」状態だ。そういう状態になると、私たちは知的かつ理性的に考えながらも、感情を抱き、直感的に理解し、想像力豊かに創造し、心と身体を一体化させた存在となることができる。

自己のすべての側面は絶え間なく流れる状態となり、同時に不変の平穏や黙想に根差すようになる。どんなに忙しく、どんなに活発に行動しても、存在に意識を向けて生きる能力は深まっていく。

「後ろへと向かう輪」を意識すれば、自然と自分の内面深くに降りていき、意識の新しい次元へと導かれるようになる。

古くから伝わる叡智では、言い方はさまざまではあるが、次のような内容が語られることが多い。

- 分離の状態からつながりと統合の経験へと移行し、すべての物事が相互に依存し合っていることに気づく

- 心の平穏、解放感、そして逆説的ではあるが壮大な内在性に満ちた虚無感（うつの顕著な特徴である退屈な虚無感とは異なる）の核心に触れられるようになる
- 自己充足感や内面の満足感が高まり、自分を満たすための物、地位、称賛、承認、評価などに依存しなくなる
- 欠乏した意識から満ち足りた意識へと、思考が転換する
- 深い思いやりと生まれもった利他主義への衝動が目覚める
- 個人の自我への執着が弱まる

また、古い教えでは、意識を転換するための唯一最大のツールとして、「注意力」も強調されている。

通常、私たちは注意をどこに向けるかを頭で理性的に考えて決めており、それは五感で認識できる情報に左右される（先ほど紹介した大ピラミッドのなかで出会った女性ががっかりしていたのを思い出してほしい）。

ところが古い教えでは、私たちが「現実」と呼ぶものは、どんなに説得力があっても、じつは大きな全体のなかのごく小さな一部にすぎないとされている。

実際、何に注意を払うかが現実を形づくっているため、注意の払い方や注意の対象を変えることで、私たち自身や世界が広がっていく。

近年、私たちは現代科学の厳然たる事実と世界の古い教えに含まれる深い知見とが豊かに融合し、重要な発見が生まれているのを目の当たりにしている。

神経科学の研究では、マインドフルネスの実践によって脳の活動が変化すること、またマインドフルネスは脳波の周波数から脳の機能や容積まですべてに影響を与えることが明らかになってきた。

たとえば、被験者がより意識的に注意を払うトレーニングをすると、彼らの脳波の周波数は変化する。通常の覚醒時の意識で見られるベータ波（14～20ヘルツ）から、空想中や瞑想中、あるいはアスリートが「ゾーンに入った」ときのようなフローの状態で見られるアルファ波（8～13ヘルツ）へと変わるのだ。

芸術家、作家、科学者のなかには、フローの瞬間に創造力が高まるとともに、洞察力が深まり、一見苦もなく生産性が上がった経験をしたと話す者も多い。

心理学者のフランシス・ヴォーンの次の言葉をよく考えてみてほしい。

「人間の偉大な業績には、直感的な想像力の飛躍が関係していることが多いようだ。

右脳が関わる直感的で総合的なパターン認識能力こそが、既存の真理の体系を打ち破り、知識を拡張する。続いて、慎重で論理的な検討と検証によって直感的な知見が固定され、人類にとっての有用性が決まる。だが、もともとのビジョンや知見は直感的なものなのだ[33]」

また、伝説的なロックミュージシャンのカルロス・サンタナは次のように話す。

「(トランペット奏者の)マイルス・デイヴィスが言うように、『ただ黙っている』ことが大切です。自分の心に黙ってろと言うのです。テレビを消して、ラジオも消すと、天使と悪魔の入り混じった声が聞こえるようになります。

そして突然、それらはひとつの音、ひとつの声、ひとつのメロディーになり、あなたはその音を捕まえます。それはたいてい、自分の心の奥にある静寂を意識したときに起こります。それが最高の音楽なのです[34]」


瞑想とマインドフルネスは、黒い文字の世界に対する執着を解き、自分を開くことで、白い余白や新しい次元の意識を認識するための助けとなる。

そして瞑想とマインドフルネスによって、私たちは新たに豊かなツールを手に入れ、次のようなことができるようになる。

- 深いレベルで「存在モード」に身を置くようになり、不安定な世界のなかでも、クリアな思考で安定して行動できるようになる
- 状況や出来事を、より大きな文脈と理解で、つまり拡張された意識で捉えるようになる。その結果、目の前の白黒の世界をはるかに超えて、何層にも重なる豊かなニュアンス、

かすかなシグナル、より総合的な知性のささやきに気づけるようになる

- 理性、身体、心を一体化した、調和の取れた統一体として行動することで、以下ができるようになる
  - 習慣となった無意識な反応に身を任せるのではなく、状況に適応し、分別のある対応が取れるようになる
  - 同僚やチームを含む他者との関係に、より質の高い注意を向けて存在感を発揮し、全員の新たな可能性を掘り起こせるようになる

癒し手としてのリーダーは、マインドフルネスと瞑想の実践を通じて、黒い文字と白い余白の両方に参加することを学ぶ。そうして、私たちが現実を超越した世界と呼ぶものを含め、人生のあらゆる側面とのつながりを育んでいく。

13世紀のペルシャの偉大な詩人ジャラール・ウッディーン・ムハンマド・ルーミーの言葉に次のようなものがある。

「実際に住んでいる場所にかかわらず、あなたの原点である実在しない場所で生きてほしい」

もちろん忙しくしていて構わない。だが、自分の本質的な存在に触れる方法を見つけて、

自分は時を超えた大きな何かの一部だということを忘れないでほしいのだ。

癒し手としてのリーダーの道は、生涯をかけて極める旅である。その道を忠実に歩む者は、驚くべき新たな気づきや革新的なアイデアを生み出し、あらゆる人間関係について深い可能性を見出していく。

その過程で、自己を超越した領域を可視化すること、そして現実を超越した世界に触れることを学び、その状態が次第に安定していく。

20世紀の理論物理学者デヴィッド・ボームは『シンクロニシティ――未来をつくるリーダーシップ　増補改訂版』（英治出版）のなかで、次のように語っている。

「もし自分自身のなかに深く手を伸ばすなら、人類の本質に到達することになる。そして、意識の根源的な深みへと――人類の全体にとって共通であり、人類の全体がそのなかに含まれる、意識の根源的な深みへと導かれることになる。そのことに一人ひとりが敏感になれるかどうかが、人類の変化にとって重要なポイントになる。

われわれはみなつながっている。もしこのことを教えることができるなら、そして人々が理解できるなら、われわれは新しい意識を持つことになるだろう」[35]

マインドフルネスと瞑想に関するトレーニング

マインドフルネスと瞑想を実践してみよう。

それらが生活の中心に無理なく置かれるようになるまで、続けてみてほしい。新しいことに取り組む場合はいつもそうであるように、それには意志と熱意が必要だ。瞑想はそのために時間を取る必要があるが（はじめは静かに座っている時間を20分間確保する）、マインドフルネスは一日中、どこにいても何をしていても実践できる。だから、「時間がない」という言い訳は通用しなくなるわけだ。

大事なのは、「注意を払う」のは考えることとは無関係だということ。はじめのうちは、これらふたつを混同してしまいがちだが、両者の区別を理解することは重要だ。考えるのは左脳の機能であるのに対し、「注意を払う」のは、もっと原始的で根本的な機能である。

マインドフルネスの基本的な考え方は、起きているすべての出来事に対して、意図的かつ無条件に注意を払うことである。

「意図的に」とは、何に対してどのように注意を払うかを繰り返し選択するという意味であり、「無条件に」とは、自分のなかで身体的、感情的、精神的に何が起きているかを、分析しようとしたり変えようとしたりすることなく、そのまま感じるという意味である。

最初はこれが難しい。それにはいくつか理由がある。

- 私たちの神経系は、ある程度活性化している状態に慣れており、それに伴って身体的な化学反応も起きる。意識的に注意を払うという行為は、そもそもこの活性化に対抗するまったく新しい要素や波動が入ってくることである。私たちは基本的に、それらを排除しながら生きている。だからこそ、日々のトレーニングが不可欠なのだ。はじめは居心地が悪くても、徐々に排除が緩和され、心が落ち着き、内面が整った感覚が得られるようになる

- 理性的な思考に支配されると、自分でコントロールしていると感じられるようにすべてを理解しようとしてしまう。無条件に、分析を行うことなく注意を払うという行為は、この深く根差した衝動に反するものである。だが、私たちは存在という経験のなかに身を置くようになるにつれて、思考で支配的される必要がないことに気づき始める。やがて、コントロールしていると感じるためにエネルギーを費やすことがなくなり、大きな

安心感を覚えて、リラックスした気分になる。コントロールしたいという衝動に代わって、以前はほとんど受け入れる余地がなかったかすかな感覚や気づきに対して自分がゆっくりと開かれていく

- 最後に大事なことをひとつ言おう。思考に対する執着が薄れるにつれて、私たちは意識の広がりを経験し始める。そして、自分のなかに層のように積み重なった感情があることに新たに気づくようになる。CHAPTER3で取り上げたように、さまざまな感情を適切に受け入れて仕事をする方法を学ぶことこそ、私たちの成長にとって不可欠なのだ

日々トレーニングを積むうちに、こうした難しさはすぐに薄れていく。

私たちは身体、感情、目的と繰り返しつながることで、「我が家に帰る」ような回復へと向かう確かな道を突き止める。そして、その道を歩むことで生まれる重要な気づきが、私たちの人生の中核に埋め込まれていくのである。

さあ、次のふたつに本気で取り組んでみよう。

- 一日中、マインドフルネスを実践する
- 毎日、瞑想する

■マインドフルネスを実践する

1日を通してマインドフルネスを実践すると、認知の幅が広がり、心と身体が一体化した存在を意識する力が深まっていく。

●変化を起こすための具体的な方法は、「自分の内面と外の世界に同時に注意を向けること」である。このようなトレーニングを積むと、以前よりも存在を感じて、人の話に耳を傾けることができるようになる

●この方法を定着させるためには、常に身体に注意の一部を向けるといい。「後ろへと向かう輪」を思い出してほしい

－まずは呼吸から始めよう。呼吸に注意を向けて、それができたら、足の裏も意識する

－散歩をしているとき、机に向かって座っているとき、あるいは会議に参加しているとき、そうした意識のチャネルをずっと開いたままにする

長く根づいた習慣を断ち切って、新しい習慣を取り入れるためには、常に注意を向けることを思い出すための確実な方法を見つけることが重要になる。リマインダーがなければ、忘れやすいからだ。私が仕事で関わってきた何百人ものリーダーは、以下にあげるようなリマインダーを試していた。

- 新しいペンを買う。会議中はいつもテーブルの上にペンを置いておき、それが目に入るたびに呼吸に集中することを思い出すようにする。呼吸が浅くなって苦しくなったら、吐く息を長くして、少しずつ呼吸を深くする
- 電話が鳴るたびに、意識して深呼吸をして、足の裏を意識してから、電話に出るようにする。すると、電話でのやり取りが驚くほどうまくいくことに気づくだろう
- ポケットに小石のような小さな物を入れておく。たびたびそれに触って、自分の内側の奥深くに集中することを思い出すようにする
- ワークスペースのあちこちに写真や画像を置いて、それを見るたびに身体と呼吸に意識を向けることを思い出すようにする
- 視覚的なリマインダーを通知として送るように携帯電話を設定する
- ヘッドスペース、カーム、ウェイキング・アップのような優れたアプリを携帯電話に入れて、リマインダー機能を利用する

■瞑想を実践する

毎日、背筋を伸ばした姿勢で、目を閉じて、静かに座って過ごす時間を取ろう。

- 毎日決まった時間にトレーニングをするよう心がける。早朝、朝食前がトレーニングに最も適していることが多い
- 瞑想する場所を決めておく
- 短時間でも運動した直後に瞑想すると、心にも身体にも有益なことが多い

瞑想で重要なのは、思考を停止しようとしているわけではないと理解することだ。時にはそういうこともあるかもしれないが、それが目的ではない。目的は、無理をしたり固執したりせず、思考を超えた内なる意識の領域に自分を置くことである。

瞑想するたびに感じ方はいつも異なるため、特定の方法にこだわる必要はない。頭のなかで雑念が絶え間なく飛び交う日もあれば、至福の安らぎを感じる日もあるだろう。

だがトレーニングを重ねるうちに、脳内に新しい（非常に重要な）神経回路が開かれ、時間が経つにつれて、その効果や有益性がはっきりしてくることを知っておいてほしい。

効果的な瞑想の手順

タイマーを設定して、20分後、1時間後、あるいはいちばんよいと思う時間にアラームが鳴るようにする。それから、次の手順に従って瞑想してみよう。

- 自分の呼吸にそっと意識を集中させる。息を吸ったり吐いたりするたびに、呼吸の細部にまで注意を払うようにする
- 次に、感覚を失った部分や分断されていると感じる部分も含めて、身体のすべての部分で生じる独特な感覚をあえて感じるようにする。ただ注意を向ける
- しばらくしたら、意識を広げて周囲の音に注意を向ける。分析する必要はなく、ただ耳を澄ます。それまで気づかなかった多くの音に気づくだろう
- 徐々に自分の内面の解放感や静けさの感覚が増していくことに意識を向ける
- (よくあることだが)思考に気を取られた場合は、ただその事実を意識する。そして、呼吸と心の平穏に意識を戻す

CHAPTER 6

リーダーの使命

およそ35億年前、地球の深海で極めて小さな単細胞生物が誕生した。
それから時が流れ、人類の進化上の祖先が最初の道具を発明したのは、いまから３００万年以上前のことだった。人類が火を使えるようになるまでにはさらに２００万年がかかり、土器をつくり、天然繊維で衣服を織り、農耕を始め、車輪を発明するまでにはさらに８万年がかかった。[36]

それに比べて現代人は、テクノロジーが短期間に飛躍的に発展し、地球が急激に変化する時代に生きている。私たちはわずか20年で、スマートフォン、フェイスブック、自動運転車、遺伝子編集、３Ｄ印刷、テレビ会議の登場と普及を目の当たりにしてきた。

これらはほんの一部にすぎない。過去5年間で、それ以前の５００年よりも大きなテクノロジーの進歩があったという推定もある。

変化のスピードはますます加速している。そして、大規模な変化は大きな混乱を引き起こし、私たちがそれに適応できれば大きな機会も生む。

同様に、人類が抱える厄介な社会的、制度的な問題の広がりも急激だ。生態系の危機は、いまや人類にとってもほかの無数の種にとっても、存続の脅威となっている。科学を信じ、歴史を勉強している人なら、そうした脅威を真剣に受け止めるだろう。

結局のところ、現代よりもはるかに脅威が少ない状況でも、社会は機能不全に陥り、文明は崩壊してきた。当時と違うのは、私たちはいま、相互に緊密に結びついたひとつの世界規模の文明だということだ。

では、進化の最先端に立って状況に真に適応した戦略を生み出すために、リーダーは何を最も理解する必要があり、どんなリーダーになるのが望ましいのだろうか?

マサチューセッツ工科大学の上級講師でベストセラー作家でもあるオットー・シャーマーは、次のように述べている。

「今いちばん必要なのは、私たちを破綻の崖っぷちから引き戻し、違う道へ向かわせるのに役立つスキルと心と知恵を持った十分な数の人です[37]」

巨大な権力が少数の人たちによって行使される一方で、多くの人は依然として、何とか生きていくだけで精一杯だ。世界各国の政府や機関の活動は、しばしば利己主義に支配され、グローバル文化の産物もまた、同様の傾向を示している。

世界の多くの地域で生活の質は大幅に向上したものの、飽くなき欲望、際限なく続く競争、過剰な消費のグローバル化は、人類に危機をもたらしている。また、全体の利益への関心よりもさまざまな個人の利益が優先されるせいで、経済的、政治的、社会的に極端な不平等が広がっている。

直視しがたいことかもしれないが、こうした要因を背景に、私たちの文明は、その一部または全体が滅びる未来に向かって、集団で着実に突き進んでいる。

理論物理学者にして未来学者、かつベストセラー作家でもあるミチオ・カクの言葉を借りれば、私たちには「偏狭で、原理主義的で、理性を欠いた情熱は祖先と変わらずあるが、現代は核兵器や化学兵器や生物兵器が存在する点で異なる」[38]のだ。

世界中の気候科学者は、人間が地球に与える影響が非常事態といえるほどの危機的レベルに達していると口をそろえて言う。この流れを減速させ、ましてや反転させるためには、私たちは技術的、経済的な成長の先を見据えなければならない。共有する倫理的、道徳的、感情的、精神的な知性の向上を追求しなければならない。

これほど不吉なニュースが報じられるなか、私たちは破滅に陥る可能性にどのように備えるべきだろうか？　そして同時に、最悪の事態を食い止めるために、どのように協力し合えばよいのだろうか？　組織や社会で、生き残るだけでなく成功するために、どんな時代遅れの考え方から脱却する必要があるのだろうか？

私たちはいま、重大な時期を迎えている。いまこそ時代を超えた瞑想の叡智と現代科学や心理学の進歩を統合し、新たな段階へと前例のない進化を遂げるチャンスなのだ。

私は本書全体を通して、私たちが直面している危機の根本的な原因と思われるものを取り上げてきた。理性的な左脳の機能がいかに支配的になっているか、またその結果、私たちがいかに感情を認識できなくなり、人間が本来もっている感覚能力がいかに抑制されているかを見てきた。

理性的な思考とは、ただ頭で考えをめぐらせて分析するばかりで、感じることはないという点を思い出してほしい。私たちは、自分自身や他者と、さらには世界とつながりを築くという基本的な経験を失ってしまった。

組織レベルでは、もはや目的にそぐわないツールで、ますます複雑化する状況に対処しようとしてきた。社会レベルでは、自分のすべての部分がひとつの調和した統一体として機能したときに生まれる深い気づきと知恵を得ることなく、加速する大規模な問題や分裂に必死に対応しようとしている。

しかし一方で、すべてが統合された状態がもたらすつながりを、私たちが心の底から強く欲しているのも事実だ。

私たちはいま、
重大な時期を迎えている。
いまこそ時代を超えた瞑想の叡智と
現代科学や心理学の進歩を統合し、
新たな段階へと前例のない進化を
遂げるチャンスなのだ。

たとえば、スポーツはそうした状態を味わう方法として、よく知られている方法のひとつである。私が長年、「ゾーン」の研究に力を入れてきたのはそのためだ。

ＮＢＡのボストン・セルティックスに所属していた有名なバスケットボール選手のビル・ラッセルは、かつて次のように語っている。

セルティックスの試合はしょっちゅうヒートアップして、体力勝負とか精神力勝負とかいうより、神懸かり的な試合になったものだ。その感覚は説明するのはとても難しし、プレーしている頃に話したことは一度もない。

ただ、その感覚が生まれると、自分のプレーが新しい段階にレベルアップするのを感じた。めったに生まれるものではなかったが、一度生まれると5分からクォーターのあいだずっと、あるいはそれ以上続いた。……その感覚は、自分やセルティックスのほかの選手だけではなく、相手チームの選手や審判までをも包み込んだ。

その特別なレベルになると、不思議なことがいろいろ起きた。試合は白熱して激しく競い合っているのに、なぜか負けてたまるかという気持ちにならなかった。それ自体、不思議なことだ。全力を尽くし……ているのに、苦しさもまるで感じなかった。

試合は展開が速く、どのフェイクもカットもパスも実に見事なものなのに、どんなプレーも私を驚かせることはできなかった。なんだか、スローモーションでプレーしているような感じだった。その特別なレベルにあるあいだは、次にどんなプレーがなされるか、次のパスがどこに出されるか、ほとんど「感じる」ことができた。……予感がはずれることはなかったし、そういうときはいつもこんな感覚を抱いていた。

　私はセルティックスのみんなだけでなく、相手チームの選手のこともみんな知っている。そしてみんなも私のことを知っている。……背筋がゾクゾクしたのはそういう特別なレベルにあるときだった。[39]

選手や役者としてそんな状態を経験し、観客としてそんなフローの状態に立ち会うと、大きな刺激を受けて感動を覚えるものだ。そうした瞬間のことは、その後何年も語り継がれることが多く、そのため特別なスポーツイベントは、人々の意識のなかで伝説のような地位を獲得するようになる。

　だが、私たちはそんな「神懸かり的な」瞬間について盛んに研究し、そうした瞬間を生み出そうと莫大な資金を投じているにもかかわらず、その経験が大きな文脈のなかでどう位置づけられるのかよくわかっていない。それがどんな意味をもっているのかを必ずしも完全には理解できていない。

　じつは、強烈な「ゾーンに入った」瞬間、私たちの意識は大きく広がり、ひとつの調和した統一体のようになっている。そして、そうした意識の変化によって、私たちが日々経験している分離や断絶が覆されるのだ。

私が仕事で一対一、あるいは組織として関わってきたすべてのリーダーは、例外なく「そうした感覚」を経験していた。そんな経験はめったにないかもしれないし、多くは忘れられているかもしれないが、そこには大きな価値がある。

そういう経験をすると、世界に対する見方が瞬時に変わるからだ。

すべての感覚や感情が統合され、パフォーマンスのレベルが向上する。

そして、私がこれまでに出会ったすべてのリーダーは、いや、それどころかすべての人は、自分の人生をもっとそうした感覚で満たしたいと願っている。

現実とは何か？　人間であるとはどういうことか？　私たちは人間としてどんな責任を負っているか？　こういう問いについて、現代の私たちは誰もが、ふたつのまったく異なる物語のあいだで板挟みにあっているかのようだ。

ひとつめの物語は物質的な決定論に基づくものである。

私たちは基本的に「生命のない」宇宙に生きていて、人間の知的で、倫理的で、文化的な選択は物質的な要因だけで決められている。

私たちが「意識」と呼ぶものは物理的な脳の産物にすぎない。そういう考え方である。

この場合の現実は、「黒い文字」に凝縮されている。そして、これこそが西洋科学の主流を成す一般的な物語となっている。

ふたつめの物語では、宇宙は生きているとされる。

そこでは、意識は「第一質料」（訳注：アリストテレスおよび中世スコラ哲学の用語。どんな形も性質も有しない、現実には存在しない純粋質料）である。

物理学者のフリッチョフ・カプラや神学者のトマス・ベリー、その他多くの著作家が述べているように、これは古くから伝わる宗教の知恵と最先端の科学データを統合することで現れる「新たな物語」だ。

この場合の現実は、黒い文字と白い余白の両方のなかに同時に存在する。


これはすべてを変える物語といってもいいだろう。そう考えると、私たちはいま、人類の進化のなかで極めて重要な瞬間に立っている。

現在の私たちに必要なのは、世界の複雑な状況から逃れようとするリーダーではない。根底にある現実は本来すべてが統合されたものだと認めて、優れた成果をあげることができるリーダーである。

だからこそ、何よりも必要なのは、政治や経済の変革よりも精神面での変革だ。心の在り方を変えることこそが、政治や経済の変革と同様、切実に求められている。

現在の私たちに必要なのは、
世界の複雑な状況から逃れようとする
リーダーではない。
根底にある現実は本来すべてが
統合されたものだと認めて、
優れた成果をあげることができる
リーダーである。

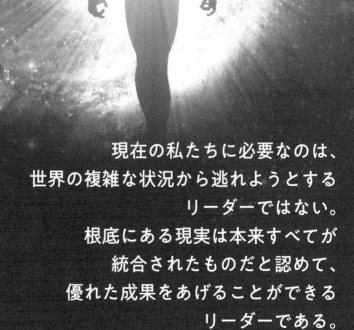

追放からの帰還

私たちは人生のなかで「神聖さ」というものを失ってしまった。私たちが包まれている神秘に対する畏敬の念を失ってしまった。それは、私たち人間が無意識のうちに生み出してしまった最も痛ましい苦しみといえる。

再びアインシュタインの言葉を引用しよう。

「私たちが体験しうる最も美しいものは、神秘である。これがあらゆる真の芸術や科学の源であり、この感情を知らない者は、もはや驚きと畏敬の念に打たれて立ち止まることもできない、死んだも同然の存在なのだ。

自分たちにとって不可解なものが本当に存在し、最高の知恵と最も輝く美として現れており、私たちの乏しい能力ではその大きな形だけしか理解できないと知ること――この知識、この感覚こそが……真の宗教心の核心なのだ。その意味で、そしてその意味においてのみ、私は非常に信心深い人間と言える」

じつは私自身も、まさにその意味で、非常に信心深い人間であり、これまでずっとそうだった。伝統的な形式や教義にとらわれずに、世俗の世界でそうした感性でいかに生きるかを模索してきた。

個人、組織、社会のすべての分野で現在、新しいリーダーシップへの進化が不可欠だと私は考えている。本書はここまで、そうしたリーダーシップにつながる理論的で実践的な道筋をおおまかに説明しようとしてきた。

それは、私たち人間の性質のなかで、これまで表舞台から追放されてきたもの、すなわち身体、感情、自己を超越した精神世界を再び統合しようとする回復のための道でもある。

この道では、優れた高度な思考は、感覚や感情とともにあってこそ適切な役割を果たす。それらが一体となって、はるかに大きく、より総合的な知性が生み出される。

シニアリーダーや彼らのチームにおいて、私はその証拠を繰り返し目の当たりにしてきた。人々は結局のところ、安心を感じて行動のペースを落とし、身体、心、精神のなかで、個人的にも対人的にもつながりを経験できるようになると、大きな解放感を味わう。

考えが頭のなかを駆け巡り、絶え間なくプレッシャーを感じ、常に時間がないと感じる悪夢のような状態から解放されるのだ。

最終的に、深い安らぎが訪れ、心が落ち着き、生まれ変わったような感覚を覚える。

そしてそんな心が落ち着いた状態にあってこそ、私たちは批判的思考を磨き、新たな高いレベルの知性を手に入れ、非凡な才能、ひらめき、優れた知見を発揮できるようになる。

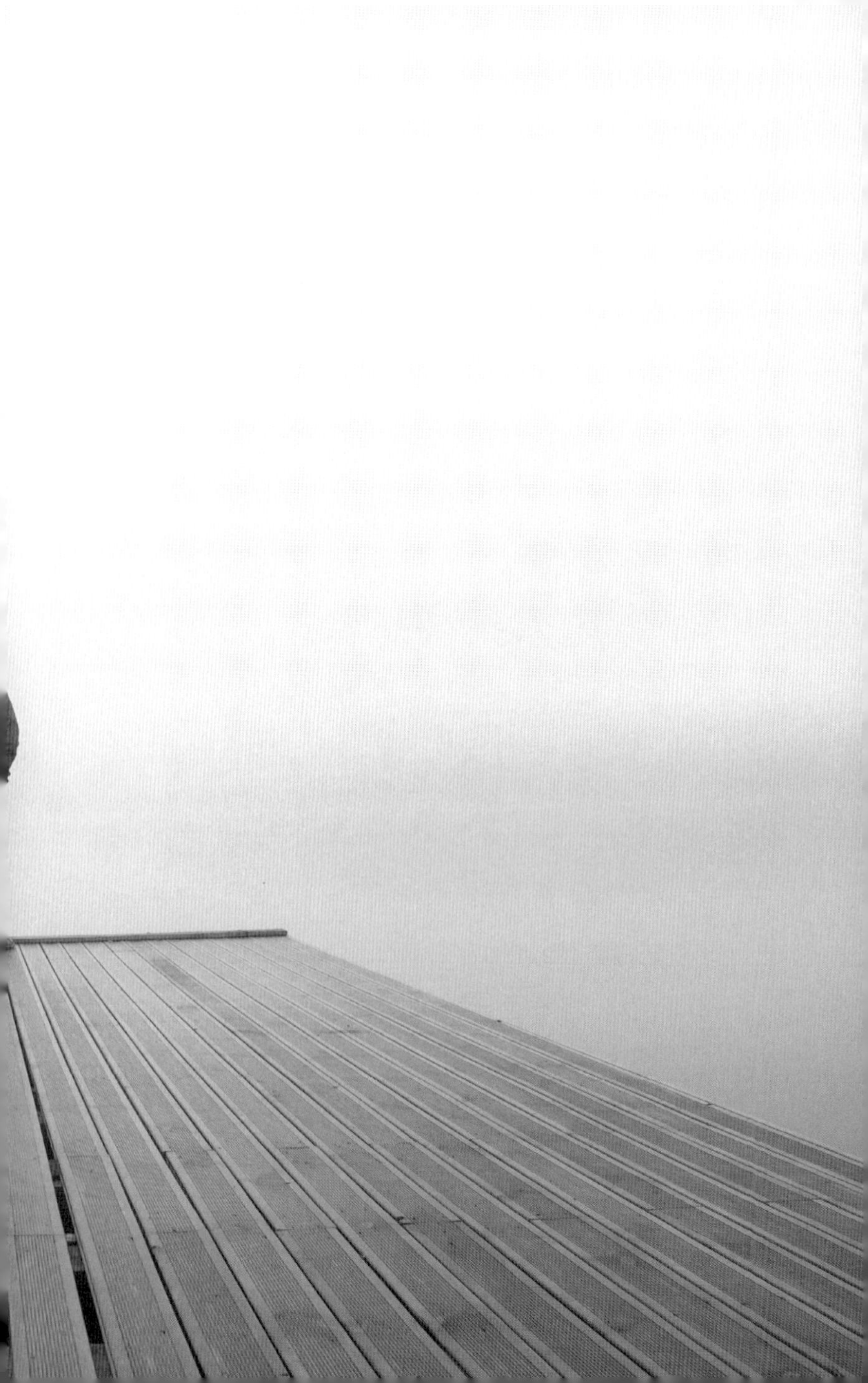

私たちは人生のなかで
「神聖さ」というものを失ってしまった。
私たちが包まれている神秘に対する
畏敬の念を失ってしまった。
それは、私たち人間が
無意識のうちに生み出してしまった
最も痛ましい苦しみといえる。

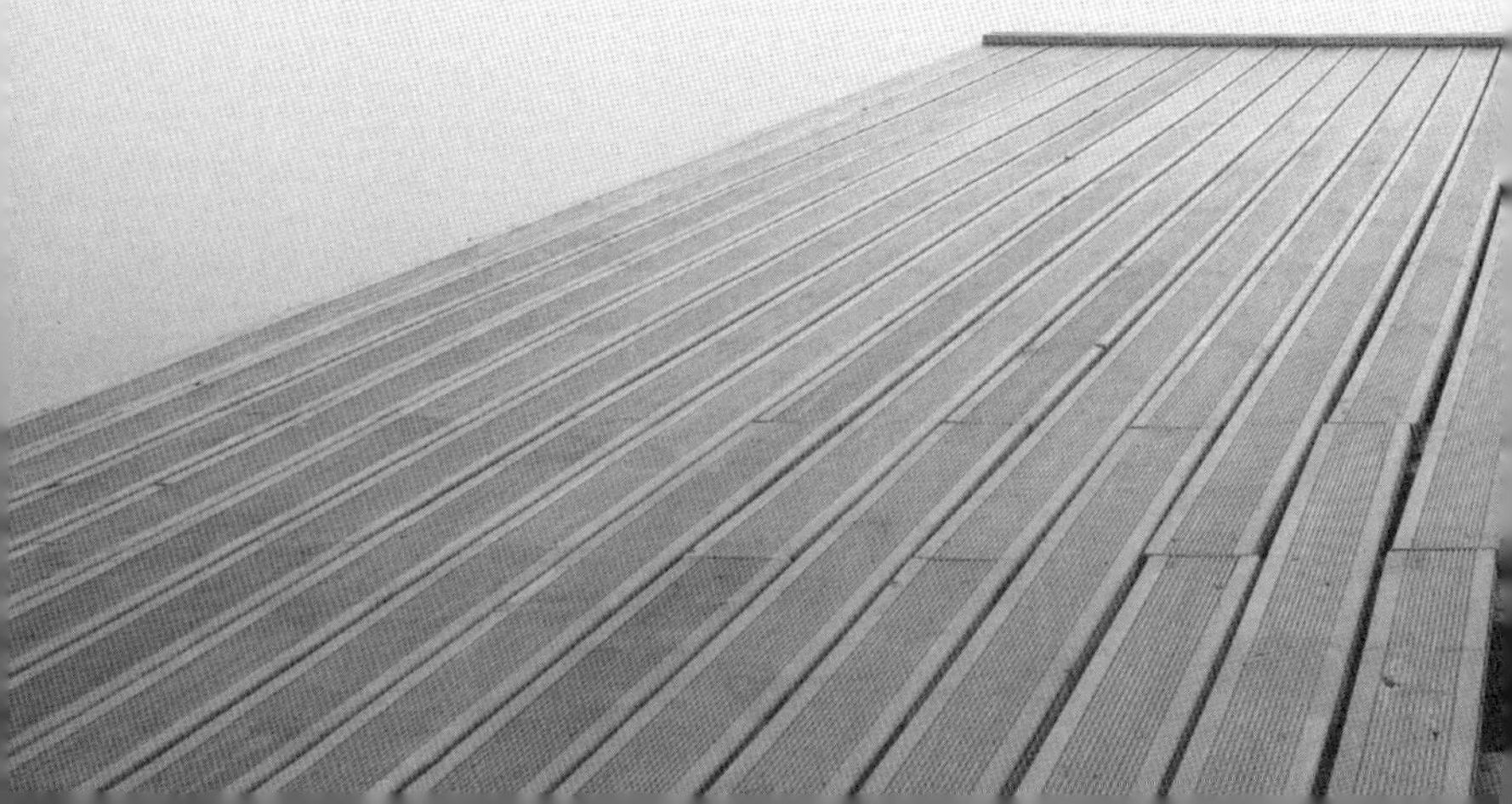

リーダーに求められる使命

私は舞台演出家として、ふたつの異なるタイプの俳優にたびたび出会ってきた。「演技に長《た》けた」俳優と「身を委ねる」俳優である。前者のタイプの俳優は、私と仕事をすると、「このセリフをどう言えばいいのかわからない」とジレンマを感じるかもしれない。私の返事はいつも同じで、「君がこのセリフをどう言うかより、このセリフが君にどんな影響を与えるかのほうがずっと重要だよ」としか言わないからだ。

私は20年にわたって俳優たちと作品をつくるなかで、役者とは「媒体」であることを理解してほしいと願い、それを彼らにどう伝えるべきかを模索してきた。

媒体とは、すなわち容器である。すばらしいライブ音楽のパフォーマンスと同様、人間のあらゆる部分から発せられる強烈な波動がその容器のなかを流れていく。

俳優はそれを理解すると、シェイクスピアのセリフをまったく新たな感情に駆られて、思いがけないほどにエネルギーと活力を爆発させて言えるようになる。そして、俳優がそうした流れに身を委ねて、「恋をしているかのように」[40]われを忘れて役にのめり込むようになれば、劇場やリハーサル室でそれを眺める私たちは、心の底から感動するだろう。

シェイクスピアのある劇のクライマックスで、俳優が「ありがとう」と口にしただけで、ほとんどすべての観客が涙したことがあったのを覚えている。

そんなふうに身を委ねる役者を通じて、私たちは巨大な生命力の存在に気づかされる。マリア・カラスのようなオペラ歌手を観るためのチケットを手に入れるために、氷点下になる真冬のニューヨークで、喜んで歩道で野宿する人々がいたのも不思議ではない。彼女はそんな生命力に溢れた歌手だった。

偉大な芸術家は、偉大な科学者やリーダーと同様、熟練するにつれて、自分が心から望む高いレベルの創造性、知見、イノベーションは、自分がつくり出すものではないと気づくようになる。向こうからやって来るものだと気づくのだ。

ある時点で、芸術家自身は身を引いて、主導権を手放し、存在モードと行動モードのバランスを取るべきだと理解するようになる。癒し手としてのリーダーも同じだ。

彼らは賢明にも、新しいアイデアや高い知見が生まれたら、それにひれ伏し身を委ねるべきだと知っている。現在必要なイノベーションの多くはそうして現れること、そして実際に現れるまでは、その新しい性質はわからないことを理解している。私たちに求められているのは、自分自身のなかでそれらを受け入れる力を育むことである。

従来型の古いリーダーは、ゆっくりと進む変化や緩やかな移行への対応が得意だった。また、利益を最大化する力のある人物がリーダーに選ばれ、報酬を与えられていた。

それに対して今日のリーダーは、論理や理屈を組み立て、優れた判断や戦略的な予測をするための高い能力を備えていなければならない。

だが、それだけではない。他者に共感するために、感情や感覚に意識を向ける必要があり、地に足のついた判断を下すために、物事を直感的に捉える必要もある。

存在を意識するために、意識を覚醒させる必要もある。マインドフルネスと傾聴のスキルを身につけ、自己と他者の存在を意識し、高いレベルの見識とイノベーションを受け入れなければならない。確かな人間関係を築き、他者と協力して、心からの奉仕の精神、使命感、目的意識を明確にもたなければならない。

分裂があるところに統一を、分断があるところに統合を取り戻すことが、いま求められている。激しい混乱を重要な機会に変え、地球の危機を世界的な変革に変える主体となるために、意志をもちつつ身を委ね、不安定で、不確かで、複雑で、曖昧な時代を受け入れることができなければならない。


新しい未来の到来を告げる先駆者。

それが「癒し手としてのリーダー」なのだ。

さあ、今度はあなたがそんなリーダーになる番だ。

癒し手としてのリーダーは
賢明にも、新しいアイデアや
高い知見が生まれたら、
それにひれ伏し身を委ねるべきだと
知っている。

CONCLUSION

――リーダーシップの旅

1954年、私は裕福な芸能一家の一人っ子として、ロンドンで生まれた。

私の父はイタリア系ユダヤ人で、ミラノで育った。大学で工学を学んだが、映画に強い興味を抱いていた。そこで、ベネチア国際映画祭のアマチュア部門に自作の映画をエントリーしたところ、1等賞を獲得した。ところが、父がユダヤ人だとわかると、主催者側は父への賞の授与を拒否した。それを聞いた父はこう言ったという。

「いつか戻ってきて、大きな賞を取ってやるさ」

そして、見事にそれをやり遂げた。

第二次世界大戦が近づくにつれて、イタリア系ユダヤ人は、ますます制限と迫害を受けるようになった。これから何が起きるのかを想像し、祖父は、ほぼ確実に助からないとわかっていた手術に同意し、父、祖母、叔父はイタリアの家を追われた。残念ながら、父はその後一時期、マン島の強制収容所に「敵国人」として収容されていた。

戦争が終わると、父の映画への情熱は再燃した。そしてついには、世界トップクラスの映画プロデューサーのひとりにまでのぼりつめた。

親友の映画監督だったジョン・シュレシンジャーとともに、『うそつきビリー』『或る種の愛情』『ダーリング』『遥か群衆を離れて』『日曜日は別れの時』『ヤンクス』などを製作した。また、ジョゼフ・ロージー、フランコ・ゼフィレッリ、ケン・ローチといった大物たちともいくつかの作品を残している。

一方、私の母はイギリスのウェールズ出身で、ブライトンの上位中産階級の家庭で育った。奨学金を得てオックスフォード大学で学んだ最初の女性のひとりだった。

聡明で快活、そして非常に美しい女性だった母は、父の初期の映画でアシスタントとして働いていたときに、父と出会った。

両親はロンドンのチェルシー地区で「セレブ」のような生活を送っていた。当時の映画スターが頻繁に我が家に遊びに来ていた。時は活気溢れる1960年代で、私たちは有名なキングス・ロードの近くに住んでいた（それは私の自慢だった）。

私が育った家庭は、エネルギーに満ち、常に刺激的だったが、同時に非常に不安定でもあった。両親の口に出さない、癒されないトラウマで、どれほど重い空気が漂っていたかを私が理解したのはのちになってからのことだった。

戦時中、母の唯一の兄が単座戦闘機スーパーマリン・スピットファイアに搭乗中に戦死した。機体も遺体も発見されないという事実が、その喪失感をさらに大きくした。

伯父はただ任務に出かけたきり、戻ってこなかった。何年も経ってから家族ぐるみの友人から聞いた話では、当時19歳前後だった母は精神的に参ってしまった。おおっぴらに語られることはなかったが、母はしばらくしてから躁うつ病、つまり現在でいう双極性障害と診断された。

そうした感情的な苦しみにもかかわらず、彼女は大いに献身的な母親だった。学校で私のサッカーの試合があると、たとえどんな天候でも、いつも母がタッチラインの側に立っていたのを覚えている。

それでも時が経つにつれて、母の精神的な病は徐々に進行していった。

父のほうは、残りの人生をイギリスで過ごし、いろいろな意味で亡命者らしい生活を送った。ほかの多くのホロコースト生存者と同様、父はトラウマだけでなく、宗教心や精神性の名残も含め、ユダヤ人としてのアイデンティティ全体を葬り去ることで前に進もうとしていた。実際、彼は猛烈な無神論者となった。だから、私は自分たちが何者なのかという問いとはほぼ無関係に、それをほとんど理解しないまま大人になった。

母の感情が次第に不安定になり、慢性的な疲労で生活に支障をきたすほどになると、父はたびたび激しい怒りを爆発させた。私は9歳の頃、全寮制の学校に入れられた。当初は、家族と離れた痛みに打ちのめされていた。

そうした痛みは、それ自体がトラウマといえるものであり、イギリスのセラピー団体「ボーディング・スクール・サバイバーズ」が存続する基盤となっている。

だがしばらく経つと、学校生活が大好きになった。学校では初めて16ミリ映画を撮り、マクベス夫人役を演じて、迫力ある演劇というものを初めて経験した。すばらしい演劇の先生が指導してくれたこと、私たちがとても熱心に演じたことを、いまでも覚えている。

私の人生の方向性が劇的に変わったのは、16歳のときだった。

私はロンドンの学校で、セックス、ドラッグ、ロックンロールといった当時のティーンエイジャーの反体制文化にすっかり夢中になった。学校の勉強は、退屈な重荷になっていた。オールナイト・コンサートでピンク・フロイド、イエス、ナイスなどの生演奏を聴くのがおきまりだった。

学校の休暇が近づいたある日、スコットランドにいる祖母のところに遊びに行くという友人が「一緒に来ないか」と誘ってくれた。彼の祖母は、ロッカビーという町の近くのチベット仏教徒の僧院サムイェー・リングで、尼僧として暮らしていた。

いまでこそ、そうしたコミュニティとしてヨーロッパでも有数の規模を誇るサムイェー・リングだが、当時は有名なチベット人ラマ僧チョギャム・トゥルンパが建てた一軒の家にすぎなかった。

最初の数日間は、その場所のエキゾチックな雰囲気に興味を覚え、魅了された。豪華な装飾が施された瞑想ホールでは、チベット仏教の僧侶たちが祈り、ひれ伏し、お経を唱え、永遠に続くかのように瞑想していた。そんな光景は見たことがなかった。

ある日、仏教の有名な経典を貸してくれた人がいたので、私は午後のひと時、座ってそれを読んでいた。経典には、私たちはそれぞれ、自己と世界という小さくて厳密に条件づけされた経験のなかで生きていて、その経験のなかにはもっと深く、もっと現実的な何かが隠されていると書かれていた。

突然、どういうわけか、なぜかはわからないが、巨大なカーテンが引き裂かれたかのように、ありのままの広大な現実が私の前に現れた。

そんなことは考えたこともなかったが、読んでいる内容の真意がすぐに直感的に理解できた。そして、それが私の人生の方向性を決定的に変えることになった。

それ以来、古い経典が指し示すように自己を深め、現実感を広げる方法を模索することが、私の人生の中心的な関心事となった。

もちろん、どこからどのように始めたらいいのか見当もつかなかった。

だが、とりあえず座って、その長い経典を書き写した。

当時の私にはまったく理解できない内容だった。学校に戻ると、友人を誘って、毎晩のように互いにその文章を朗読し合うようになった。さらに、若者らしい情熱と純真さのあまり、両親に10ページにも及ぶ手紙を書いて、自分が経験したことを説明しようとした。

いうまでもなく、無神論者の父は、それをあまり快く思わず、手紙をきっかけに、残念ながら私たちのあいだには大きな距離が生まれていった。

しかし、まもなく私の生き方の指針となる別のさまざまな声が現れた。哲学者で神学者でもあるアラン・ワッツの禅に関する解説書や、メキシコでシャーマンから教えを受けた内容を記したとされるカルロス・カスタネダの著書に、特に心を奪われた。

友人と私はこのテーマを熱心に調べるようになり、私はピーク状態の経験、つまり「フローの状態」というものに深い関心をもつようになった。私たちはふたりだけでスピリチュアル求道会を結成し、ヨガをしたりクラシックピアノを学んだりした。

そして、可能なかぎりウェールズの山々をトレッキングして、カスタネダが言う「エネルギーの流れ」が見えるような意識の変容状態に到達しようと、高い山に登っては全速力で駆け降りた。

ほぼ既定路線として、私は大学で芸術を学ぶことにした（いずれにしても、物理や化学のような科目が絶望的に苦手だった）。

演劇コースを受講する数カ月前のこと、ロンドンの歴史あるコヴェント・ガーデンの歩行者用道路セシル・コートの古本屋で、私は本を眺めていた。すると、ほとんど知られていない1冊の本が目に入った。

ポーランドの革新的な舞台演出家で理論家でもあるイェジー・グロトフスキの著書『実験演劇論――持たざる演劇めざして』（テアトロ）である。演劇と精神性が広い意味でこれほど絡み合っているという現実に、私は大きく心を動かされた。

グロトフスキに関するあらゆる情報をむさぼり読み、彼の伝記の英語版を初めて執筆した女性とも親しくなった。そして、大学の課程を修了するとすぐに、奨学金を受けて、ポーランドのヴロツワフにある彼の有名な実験劇場に通うことにした。

グロトフスキはまもなく、私の最初の偉大な師となった。国際的な評価が最高潮に達した頃、彼は人間の意識の奥底をより直接的に探究するために、演劇の活動を休止していた。本書ですでに紹介したとおり、私はポーランドで訓練に参加した。少人数で森の荒れ果てた馬小屋に連れていかれて、そこで1週間過ごすというものだった。

私たちはある実験をすると言われた。一切の会話をやめて、一緒に森や周辺の田園地帯に行って、何時間も延々と歩いたり走ったりするのだ。

氷点下の2月だったが、コートや手袋の着用は許されなかった。小屋に戻ると、食事をしてから2時間ほど眠っただけで起こされ、また外に出て訓練を始めるようにと言われた。

この繰り返しが7日間続いた。

控えめにいっても大変な日々だったが、厳しい寒さとつらさにもかかわらず、私たちは互いに、そして周りの森や牧草地、小川に特別なつながりを感じる瞬間を経験した。


この経験はそれ以来、私のなかに刻み込まれている。そして、すべてが一体となる経験がいかに重要かを私に教えてくれた。

それから20年間、私はロンドンの権威ある英国王立演劇アカデミーをはじめとする演劇学校で、さらにのちには自分自身の会社で、意識の高揚した状態を俳優たちと探究し、彼らを教え導くことに専念した。


私たちがともに味わった強烈に「開かれた」経験は、すばらしいものだった。

音楽やダンス、演劇などの真にすばらしいパフォーマンスに見られるように、細胞の一つひとつが溢れ出るエネルギーと知性で生き生きと輝く人間ほど、美しく力強いものはない。

そうした開かれた瞬間をどうやってつくり出すか、また芸術家なら誰でも願うように時々訪れる幸運な瞬間を待つのではなく、そうした状態をどうやって意識的につくり出すかを見極めるために、私は膨大な時間を研究に費やした。

終わりのない探究のなかで、統合心理学を学び、禅の瞑想の指導者のもとで2年間、ハワイのシャーマンのもとで2年間学び、彼らから非常に特殊な身体へのアプローチ法を学んだ。それらを仕事で実践し、のちには教えるようにもなった。

さらにのちには、トラウマの記憶が現在に及ぼす影響を分析するペッソ・ボイデン精神運動療法システムの訓練も受けた。集中的に読書をして、特にカール・ユングやケン・ウィルバーの著作に啓発された。太鼓演奏への情熱も追い求め、日本の鼓童の奏者のもとで3カ月間、西アフリカのドラム名人のもとで6カ月間過ごした。

日本人の名高いドラム奏者、廣田《ひろた》丈《じょう》自《じ》のサポートでコンサートに出演し、その後パーカッション・トリオを結成し、一緒に2枚のアルバムをレコーディングした。

そしてついに、自己啓発のための集中的なワークショップ、修養会、1年間に及ぶプログラムを開催するまでになった。目玉のひとつは、イスラエルの砂漠で行う5日間の修養会である。40人を対象に2人の同僚と協力して主催した。修養会は28時間にわたる嘆きの儀式で締めくくられ、そのあいだ、私は20時間ドラムを叩き続けた。

１９９７年、私は親友のリチャード・オリヴィエと共同で会社を設立した。そして、オリヴィエが監督を務めた『ヘンリー5世』の上演により、ロンドンでグローブ座を再現した劇場をオープンさせた。

私はこの作品のためにパーカッションの音楽を作曲、演奏し、リハーサルでリチャードの支援をした。俳優たちにはそれぞれ私たちの自己啓発プロセスを体験させ、一般的なものよりはるかに効果的なリハーサルを行った。

私たちの会社のメンバーは、シェイクスピアの時代と同様、男性のみで構成され、メンバー間は深い絆で結ばれていた。私たちはこの特別な舞台の幕開けにふさわしい作品を披露した。


同じ頃、リチャードは、公的機関のシニアマネジャーに対して『ヘンリー5世』の演劇を詳しく説明してほしいと招待されるようになっていた。3日間にわたる説明が終わると、参加者らは、「これまで参加した一般的な管理者教育プログラムよりも、リーダーシップについて多くを学べた」と口々に言ったという。

それを聞いて、情熱に火がついた。


すでに当時、男性運動に傾倒していたリチャードは、詩人のロバート・ブライ、作家のマイケル・ミードやマリドマ・P・ソメのような人々を迎えて、儀式を伴う精神修養を行う団体をイギリスで設立していた。参加者に精神修養のプロセスを教えるために、指導者たちはしばしば、歴史的神話やおとぎ話から引用した登場人物やテーマを利用した。人々によく知られている重要な物語を調べるうちに、そのわかりやすさに気づいたからだ。

私たちは多くの時間をかけて、シニアリーダーのための啓発ツールとしてシェイクスピアの物語を利用した「ミソドラマ」という手法を確立した。クランフィールド大学スクール・オブ・マネジメントの先見性ある学部長から多額の支援を受けて、仕事としても形になった。私たちはそれぞれ演劇でキャリアを積んできたが、徐々にビジネスの世界（演劇からは遠く離れた世界だ！）のリーダーシップについて理解し、それに携わることができるようになった。

参加者たちには、よくこう冗談を言っていた。

「以前は神経質で自信のない俳優たちと仕事をしていましたが、いまは神経質で自信のないリーダーたちと仕事をしているんです」

すると、いつもぎこちない笑いが起きた。

優れた詩人のウィリアム・アヨットも加わり、私たちのビジネスはますます基盤を固め、人気を集めるようになった。私としては芸術の世界を去るつもりはまったくなかったが、2001年、リチャードからウィリアムと私に、演劇をやめてコンサルティング会社を設立しないかと提案があった。こうして、オリヴィエ・ミソドラマという会社が誕生した。

私たちは時代を先取りし、仕事の品質とスキルにこだわり続けた。シェイクスピアの作品の力もあり、私たちは大成功を収めた。世界中を飛び歩いて、あらゆる業種のシニアリーダーに2日間から5日間の精神教育プログラムを提供し、ともに活動する新たな人材を育成した。

数年間はすべてがすばらしく、私たちは想像以上の成功を収めていた。だが私は心の奥底で、何か不安のようなものを感じ始めていた。会社のメンバーは私の大切な友人で、単なる同僚ではなかったが、自分は去るべきときが来たと私にはわかっていた。

それ以来8年間、私は執筆を重ねることに力を注ぎ、それがいま本書の刊行に結実した。私のいちばん新しい師は、本当の意味での現代の神秘主義者であるトーマス・ヒュブルである。5年間、彼のもとで学びと実践を繰り返した。

トーマスには、人々の強い輝きに、さらには人々の最も深く傷ついた部分に働きかける驚くべき能力がある。彼のもとで鍛錬を重ね、彼と友情を築いたことで、私のそれまで数年間にわたる学びと実践が完全にひとつになった。

イスラエル人の女性と出会って結婚し、トーマスのもとで（時に大勢のドイツ人やユダヤ人と一緒に）集団的トラウマに対処するための訓練を受けた結果、私は、父がいかに深い苦しみを抱えていたかをはっきり理解できるようになった。

さらに、彼のトラウマの種が、たとえ私に自覚がなく言葉にならなくても、後天的に、環境的に、文化的に、私にも受け継がれていること、そして私が鎖を断ち切らないかぎり、私の子どもにも受け継がれることもわかってきた。

私は、イギリス、アメリカ合衆国、イスラエル、中東で、個人的なトラウマや世代を超えて引き継がれるトラウマ、集団的トラウマの癒しに継続的に取り組む人々を指導してきた。そしてそうした経験から、私たちの文化が過去の隠された「亡霊」によって、私たちが思っている以上に大きな影響を受けていることについて、重要な視点を学ぶことができた。

私が長年、リーダーたちと取り組んできた最も重要なテーマは、「存在」である。つまり、できるかぎり自分のありのままの姿を見せるとは、どういうことなのかを考えてきた。

本書はそうした考えを自然に深化させたものであり、私はそうした考えが世界中のリーダーや組織に受け入れられていることに感動し、感謝している。

ほんの数年前なら、これほど受け入れられることはなかっただろう。

結局のところ、私たちは会社のCEOや経営幹部を想像するときに、「癒し手」を思い浮かべることはまずないからだ。

だが現在、私たちの内面世界でも外側の世界でも、危険な分断が進むなかでそれに対応するために、癒し手としてのリーダーが求められている。


私たちにはすでにすばらしいテクノロジーがあるが、これからはそれに匹敵する意識の向上が必要となる。私たちが現代の構造的な課題や生態系の危機に対応し、組織を繁栄させ、社会に貢献できるようにするためには、感情的、倫理的、精神的な自己も向上させ、成長させなければならない。


新たな、強いリーダーシップがいまや可能であり、そうしたリーダーシップがかつてないほど差し迫って必要とされているのだ。

自分自身や家族、さらには私たちの組織や社会を、すべての人にとって健全で活力に満ちた未来へと導くためにはどうすればいいのか？

私たちはそれを学ばなければならない。そんなリーダーシップの誕生に貢献するため、私は誠心誠意、力を尽くしているのである。

謝辞

まず、きめ細やかなすばらしい編集作業をして、本書の最終原稿を完成させるうえで不可欠な役割を果たしてくれたジュリー・ジョーダン・アヴリットに感謝したい。

本書の価値を信じて、その出版を実現してくれたＬＩＤパブリッシングのみなさん、なかでもアレック・イーガン、マーティン・リュー、アイヤナ・カーティス、キャロライン・リーに感謝する。

また、以下の人たちに心からお礼を申し上げたい。

ウィリアム・アヨットとシーラ・エルワージーは、長きにわたって私と深い友情を育み、私に協力してくれた。あなた方が世界にもたらした才能と勇気と知恵は、私の人生を計り知れないほど豊かにしてくれた。

マイケル・ワトキンスは長年にわたって私をサポートしてくれた。あなたとの公私にわたる関係は、私にとってかけがえのないものだ。

ジーン・ウッズ、あなたがいてくれたこと、あなたと分かち合ったもの、そしてこれからのすべてに感謝する。

アンドリュー・ホワイト、あなたの成長を目の当たりにできたこと、あなたと豊かな対話ができたことは大きな喜びである。

ミシェル・マクマリー＝ヒース、あなたと一緒に働けたことは、非常に光栄で刺激的なことだった。

大きな感動と困難な時期の両方を分かち合える親友たちは、私の人生を有意義にするうえで重要な存在だ。ジョーイ・ウォルターズ、マルコム・スターン、キャサリン・メントン、ショシャナ・ヘラー、ベン・ウォルデン、ソラ・アキンボラ、アントニア・グアリーニ、ジュゼッペ・ゴフレド、アミール・グローガウ、デイヴィッド・グラフィー、ゲイリー・ジョプリンに感謝したい。

私は長いあいだ、イギリス、アメリカ合衆国、イスラエルで、トラウマに対処するための団体を運営してきた。個人的なトラウマや世代を超えて引き継がれるトラウマ、集団的トラウマを癒すために大きな熱意をもって取り組んでくれたメンバー全員に感謝している。ニューヨークの団体で互いに学び合う日々を過ごしたクリスティーン・ゲリケ、ロバート・バクスボームには特にお礼を申し上げたい。

私がリーダーを対象とした仕事を始めたのは25年以上前にさかのぼり、そのなかでオリヴィエ・ミソドラマ社を共同で設立するに至った。協力し合い、刺激に満ちた経験を共有できたことについて、リチャード・オリヴィエとＯＭＡの全社員に感謝を伝えたい。

ヤエル・シャザールには、イスラエルでの事業の立ち上げにたゆみない努力を重ねてくれたことに感謝する。

私は長年、スピリチュアルな力をもつ導師であるカフ・エイブラハム・カヴァイイと、トーマス・ヒュブルから手ほどきのための厳しい指導を受け、そのおかげで飛躍的な学びと成長を得た。また、気功の師であるミントン・グウは、私の日常生活に気功というすばらしいギフトを授けてくれた。

私の子どもたち、レイラとガブリエル、そして継娘のガブリエラには大いに驚嘆している。一人ひとりまったく違うあなたたちが、成熟した、力強い、感性豊かな人間に成長し、世界に大きな影響を与えているのを日の当たりにしているからだ。

そして最後に、妻のハダッサ、あなたがいなければ本書の出版は不可能だった。あなたの才気、創造性、美しさ、共感、情熱は、ますます強く輝いている。

私たち夫婦の関係は、私が想像し、期待していた以上の大きな愛情に溢れている。

【著者紹介】

ニコラス・ヤンニ（Nicholas Janni）

◉──1954年ロンドン生まれ。大学では演劇を学び、ポーランドの実験的劇場主宰者イェジー・グロトフスキに傾倒。弟子となり、森にこもって走り回る修行で神秘体験を得る。その後、英国王立演劇アカデミーで舞台監督となって演技指導に携わる。97年に旧友リチャード・オリヴィエとともに「ミソドラマ」というメソッドを確立し、2001年企業リーダーへの精神教育プログラムに特化したコンサルタント会社「オリヴィエ・ミソドラマ」を設立。大成功を収めるが、13年に独立し「コア・プレゼンス」を設立して現在に至る。オックスフォード大学サイード・ビジネススクールやスイス・ローザンヌのIMDビジネススクールでも講師をつとめている。

【監訳者紹介】

楠木　建（くすのき・けん）

◉──経営学者。一橋ビジネススクールPDS寄付講座競争戦略特任教授。専攻は競争戦略。企業が持続的な競争優位を構築する論理について研究している。著書として『絶対悲観主義』（2022、講談社）、『逆・タイムマシン経営論』（2020、日経BP、杉浦泰との共著）、『ストーリーとしての競争戦略：優れた戦略の条件』（2010、東洋経済新報社）などがある。

【訳者紹介】

道本　美穂（みちもと・みほ）

◉──英語翻訳者。東京大学文学部社会学科卒業。大手通信会社勤務を経て独立。訳書に『失われた報道の自由』（日経ＢＰ）、『THE UNSPOKEN RULES 暗黙のルール』（実務教育出版）、『家父長制の起源』（集英社）、『告発──フェイスブックを揺るがした巨大スキャンダル』（共訳、ハーパーコリンズ・ジャパン）などがある。

LEADER AS HEALER
最強《さいきょう》のリーダーは人《ひと》を癒《いや》すヒーラーである

2024年11月19日　第1刷発行

著　者――ニコラス・ヤンニ
監　訳――楠木　建
訳　者――道本　美穂
発行者――齊藤　龍男
発行所――株式会社かんき出版
東京都千代田区麴町4-1-4 西脇ビル　〒102-0083
電話　営業部：03(3262)8011㈹　編集部：03(3262)8012㈹
FAX　03(3234)4421　振替　00100-2-62304
https://kanki-pub.co.jp/

印刷所――ベクトル印刷株式会社

 ISBN978-4-7612-7769-7 C0030

本書の原注は、以下のURLよりPDFファイルをダウンロードできます。
https://kanki-pub.co.jp/pages/LEADERASHEALER-notes/